헤세, 힐링을 말하다

김선형 지음

헤세, 힐링을 말하다

초판 인쇄 2013년 12월 3일 | **초판 발행** 2013년 12월 13일

지은이 김선형 | **펴낸이** 박재규 | **펴낸곳** 경남대학교출판부

주소 경남 창원시 마산합포구 경남대학로 7 (월영동)
전화 055-249-2074 | **팩스** 0505-999-2115 | **전자우편** ko10@kyungnam.ac.kr
홈페이지 www.kyungnam.ac.kr/press

ISBN 978-89-8421-358-6-03850

헤르만 헤세가 들려주는 나에게로 가는 길

헤세, 힐링을 말하다

김선형 지음

경남대학교출판부

장난감을 받고서
그것을 바라보고 얼싸안고서,
기어이 부숴버리고
다음날엔 벌써 그것을 준 사람조차
잊고 마는 아이들같이
당신은 내가 드린 내 마음을
예쁜 장난감같이 조그만 손으로 장난을 하고
내 마음이 고뇌에 떠는 것을 돌보지 않는다.

__ 헤르만 헤세, 〈아름다운 사람(Die Schöne)〉

중학교 2학년 때 헤르만 헤세의 《수레바퀴 밑에서》를 처음으로 읽게 되었을 때, 유럽에서도 학교 공부의 중압감으로 결국 죽음을 선택하는 주인공이 있는 것을 보고 격한 동질감을 느꼈다. 그러나 나는 절대로 《수레바퀴 밑에서》의 주인공 한스처럼 약한 마음을 갖지 않겠다고 생각하며 마음을 다시 잡는 계기가 되었다. 고등학교 때 읽은 《데미안》은 이해하기는 힘들었지만, 주인공 싱클레어가 성장하면서 부모님과 친구들과의 갈등을 통해 자아를 찾아가면서 토로하는 말들이 대단히 매력적으로 느껴졌다. 또한 《나르치스와 골트문트》를 읽을 때면, 중세 교회 속에서 신의 뜻에 따르는 삶을 영위하는 나르치스의 고귀한 모습에 매료되기도 하였다.

헤세는 어린 시절 학교생활에 적응하지 못해, 학교를 자퇴하였다. 그래서 그는 고등학교 정규 과정을 마치지는 못했지만, 동서양의 많은 철학 작품을 연구하면서 자신의 문학에 깊이를 부여했고 동시에 자신의 예술가로서의 존재 의미를 확립하였던 작가이다. 또한 헤세는 세계 1·2차 대전이 일어난 시대에 정치적 문제로 조국 독일에서도 버림을 받았으며, 그리 순탄치 않은 가정사로 인해 신경 쇠약에 걸려 고생하면서 심리 분석치료 상담을 받기도 하였다. 그런 그가 스스로 밝히듯, 그의 작품은 작가의 '영혼의 전기'이며 자기 힐링의 도구이다. 사람들이 살아가며 정체성의 혼란을 겪을 때나, 성장기의 청소년들이 어떤 삶을 살아야 할지 삶의 의미가 무엇인지 혼란스러울 때, 헤세의 작품은 독자로 하여금 다시금 마음을 잡게 하고 인생의 의미를 되새겨 보게 한다.

70년대까지 우리나라에서는 헤세에 대한 대중의 관심이 대단히 높았다. 당시 학생들에게는 헤세의 시나 작품을 읽는 일이 자연스러운 일이었다. 그 당시 가수 서유석이 1912년에 쓰인 헤세의 시 '아름다운 사람(Die Schöne)'을 개사하고 작곡하여 '아름다운 나의 사람아'라는 노래로 대단한 인기를 끌기도 하였다. 그러나 최근 들어 대학의 논술시험에 헤세의 《데미안》이 출제되면서 고등학생들의 필독서가 되고 있지만, 헤세의 작품들은 과거에 유명했었던 고전 작품으로만 자리 매김하고 대중들의 관심에서는 멀어지고 있는 실정이다. 나는 이번 헤세 소설 해설서를 통해 왜 헤세의 작품이 학생들에게 추천 교양도서가 되고 있는지, 그리고 아직도 그의 작품을 사랑하는 사람들에게 헤세와 그의 작품 세계를 이해하는데 조금이나마 도움을 주고 싶을 뿐이다.

우리 대학 출판부에서 기꺼이 헤세의 소설 연구를 출판하게 허락해준 것에 대해, 헤세를 공부하는 사람으로 감사할 따름이다. 또한 항상 좋은 책에 목말라하고 좋은 편집자가 되려고 노력하는 우리 대학 출판부의 김미숙 선생님 덕분에 책 쓰는 일이 외롭지 않았기에 특히 감사의 마음을 전하고 싶다.

| 차례 |

1부

영혼의 전기 ____ 페터 카르멘친트

1부 영혼의 전기 ___ 페터 카르멘친트

헤르만 헤세(Hermann Hesse)의 작품에는 작가의 개인적인 체험들이 반영되는 경우가 유독 많다.[1] 헤세는 1942년 자신의 첫 번째 시집이 출간되었을 때, 시집에 대한 헌정시 〈친구에게. 시집을 동봉하여(Einem Freunde. Mit dem Gedichtbuch, 1942.12.09.)〉에서 다음과 같이 밝히고 있다.

> 전설적인 어린 시절부터
> 언젠가 나를 감동시키고 기쁘게 했던 것들을,
> 이 모든 덧없는 것들과 어지러이 흩어졌던 것들을,
> 생각하고 꿈꾸었던 것들을,
> 기도, 구애와 슬픔들을,
> 그대는 이 작품 속에서 찾을 수 있을 것이니.
>
> —— 제10권 7쪽

헤세도 작품 속에 자신의 다양한 삶의 파편들이 어우러져 있음을 이 시 속에 밝히고 있다. 헤세 연구가 뵈트거(Fritz Böttger)도 《페터 카멘친트(Peter Camenzind, 1904)》를 작가의 자기구현(Selbstverkörperung), 자기발현(Selbstoffenbarung) 내지는 자기실현(Selbstverwirklichung)이라고 평하고 있다.[2] 헤세는 또한 《나르치스와 골트문트(Narziss und Goldmund)》의 집필 기간에 해당하는 1928년 12월 2일에 쓴 《야간작업(Eine Arbeitsnacht)》이라는 글에서, 자신의 작품들이 "세계와 자신의 자아와의 관계 속에서 유일한 인물이자 신화적 인물이 관찰될 수 있는 근본적인 독백"이며 "영혼의 전기(Seelenbiographie)"(제12권 124쪽)임을 밝히고 있다.

1904년에 발표되어 헤세에게 작가로서의 명성을 가져다 준 《페터 카멘친트》에도 작가의 내적·외적 경험담들이 상당 부분 반영되어 있다. 헤세와 마찬가지로 주인공 카멘친트도 "말없는 자연을 시로 표현하는 것을 천직"(제2권 47쪽)으로 여기는 시인이다. 또한 헤세는 1901년과 1903년 두 차례 이탈리아 여행을 했는데, 소설 속 주인공인 카멘친트 역시 이탈리아로 두 번 여행한다. 카멘친트는 처음 이탈리아 여행에서는 친구인 피아니스트 리하르트(Richard)와 함께 여행 안내자로서, 그 다음에는 홀로 이탈리아 여행을 한다.

헤세는 스위스 바젤(Basel)에 1899년부터 1904년까지 체류하였는데, 이때 바젤 대학의 역사 및 미술사 교수인 야콥 부르크하르트(Jakob Burkhardt, 1818~1897)를 알게 되었고, 그를 통해 아시시의 성 프란체스코(San Francesco von Assisi, 1181~1226)의 세계를 접하게 되면서 그들에 대해 많은 관심을 갖게 되었다. 이 두 인물들은 《페터 카멘친트》에서 주인공의 이탈리아 여행의 동기가 되어 주인공의 성장과정에 큰 영향을 끼치며 작품의 주제와 깊은 관련이 있다. 그럼 우선 헤세 작품의 구성을 살펴보고, 작품의 주요 테마이기도 한 이탈리아로의 여행의 동기를 부여한 인물들을 살펴본다.

작품 구성

소설은 일인칭 서술자의 시점으로 산 속에 자리 잡은 작은 마을 니미콘(Nimikon)에 사는 페터 카멘친트라는 한 남자의 삶을 모두 8장으로 묘사하고 있다. 1장에서는 카멘친트의 어린 시절과 학교에서의 생활이 묘사된다. 페터는 너무도 바쁜 부모가 자신을 돌볼 수 없었기 때문에 외롭고 어려운 어린 시절을 보낸다. 어린 페터에게는 자연이 친구였다. 학교에 입학해서야 비로소 페터는 고향을 벗어날 수 있었다. 그는 학교생활에서 선생님에게 경외심을 느끼게 되었지만, 친구를 얻지 못하고 고독을 느끼며 문학의 세계에 몰두하여 시를 쓰기 시작한다. 2장에서는 첫사랑 뢰지 기르타너(Rösi Girtanner)에 대한 이야기, 그리고 어머니의 죽음에 대해 이야기된다. 페터는 어머니가 병이 들고 학비가 부족하여 대학에 진학을 못하게 되자 고향에서 괴로워하며 하루하루를 살아간다. 그러다 그는 홀로 어머니의 임종을 맞이하게 된다. 어머니가 돌아가시자 페터는 더 이상 아버지에게 의존하지 않고 혼자의 힘으로 공부할 것을 결심하고 철학을 공부하기 위해 취리히로 떠난다.

3장에서는 페터는 취리히에서 리하르트와 그 외 다양한 예술가와 유명 인사들과 친분을 가지게 된다. 그리고 신문 문예란에 작품을 써서 유명해지고 작가가 된다. 4장에서 페터는 술에 의존하며 살게 된다. 그는 철학 공부하는 것을 중단하고 작가가 되기로 결정한다. 그리고 리하르트와 함께 이탈리아로 여행을 떠난다. 페터는 스위스로 되돌아오고, 리하르트는 홀로 여행을 떠난다. 그 후 페터는 리하르트가 익사하였음을 알게 되고 신을 저주한다. 5장에서는 페터는 자살을 할 생각으로 괴로워하다 의사를 찾는다. 의사는 그로 하여금 다른 사람과 교류할 것을 권유한다. 그러나 페터는 삶의 의지를 찾지 못하고 술에 의존한다. 그 후 페터는 예술가의 집에서 엘리자베트(Elisabeth)를 만나게 된다. 잠시 생의 의욕을 느꼈지만 다시 인간 관계에 실망하고 자연으로 도피한다.

6장에서 페터는 엘리자베트와 결혼을 생각하지만 좌절하고 다시 고향으로 간다. 그리고 고향의 오두막에서 과거를 되씹다가 자살을 생각하지만 결국 죽음을 선택하지 않는다. 그리고 다시 이탈리아, 특히 아시시로 여행을 떠난다. 다시 스위스로 되돌아가 결혼한 엘리자베트를 방문하고 이제는 마음의 평온함을 느낀다. 7장에서는 우연히 가구상과 그의 가족을 페터는 알게 된다. 특히 가구상의 처남이자 곱추인 보피(Boppi)를 알게 되고 그와의 만남을 통해 삶의 의미를 다시 깨닫는다. 8장에서 페터와 보피는 자주 동물원을 방문하면서 서로의 우정이 깊어진다. 이런 과정에서 페터는 엘리자베트에 대한 마음이 치유된다. 보피의 사망 후 페터는 고향 니미콘으로 되돌아온다. 고향으로 되돌아온 페터는 시를 쓰지 않고 부모의 집을 고치기 위해 수공업자가 된다. 그는 고향에서 눈사태가 일어나자 구호대책 위원회에서 일을 하다 마을에서 명성을 얻고는 삶의 보람을 느낀다. 마지막에 페터는 작가로 성공하기 위해 작품을 쓰기 시작한다.

역사학자 '야콥 부르크하르트'와의 만남

부르크하르트는 헤세에게 문화와 역사, 특히 이탈리아의 문화와 역사의 의미에 대해 눈을 뜨게 하였다. 헤세는 스위스 바젤 체류시절 부르크하르트의 저서 《콘스탄티누스 대제의 시대(Die Zeit Konstantins des Grossen, 1853)》와 《이탈리아의 르네상스 문화(Die Kultur der Renaissance in Italien, 1860)》를 알게 되었다. 헤세는 스위스에서 출간된 자신의 《전쟁과 평화(Krieg und Frieden, 1946)》 신간 서문에서 부모의 기독교적이고 비국수주의 정신과 위대한 중국인들의 저서, 그리고 그가 믿고 존경하는 역사학자 부르크하르트가 자신에게 가장 중요한 역할을 하였음을 밝히고 있다.(제15권 650쪽)

《페터 카멘친트》 속에서 헤세는 아직까지 부르크하르트의 이름을 언급하지 않고, 페터가 역사연구에 대한 관심을 가지게 되었다고 말하고 있다. 이제까지 자연 속에서 아름다움을 관찰하고 명상에 잠겨 주위 사람들에게 '게으른 존재'[3]로 알려졌던 카멘친트는 역사연구를 통해 외적인 세계로 눈을 돌릴 수 있게 되었다. 《페터 카멘친트》 보다 《유리알 유희》에서 부르크하르트의 영향이 더욱 분명히 나타난다. 《유리알 유희. 유고가 첨부된 유희의 명수 요제프 크네히트의 전기(Das Glasperlenspiel. Versuch einer Lebensbeschreibung des Magister Ludi Josef Knecht samt Knechts hinterlassenen Schriften, 1943)》 중 제4장 〈두 개의 종단(Zwei Orden)〉에서 주인공 요제프 크네히트(Joseph Knecht)는 역사가인 야코부스(Jakobus) 신부와 다음과 같은 대화를 나누며 역사의 의미에 대해 인식하게 된다.

> 역사를 고찰하는 사람은 역사에 질서를 세우려는 우리의 정신이나 방법의 힘에 대해 쉽게 감동받는 어린아이 같은 믿음을 가져야 할 것입니다. 그러나 그것을 넘어서 역사적 현상의 불가해한 진실과 현실과 일회성에 대해서 경의를 보여야 합니다. 역사를 연구하는 것은 농담거리나 무책임한 유희가 아닙니다. 역사를 연구하는 것은 어떤 불가해한 것, 더구나 필연적이며 매우 중요한 것을 얻으려 노력해야 한다는 자각을 전제로 합니다. 역사를 연구하는 것은, 다시 말하면 혼돈에 몸을 맡기고, 그러면서도 질서와 의미에 대한 신뢰를 항상 유지하는 것입니다.
>
> —— 제5권 151쪽

야코부스는 역사를 학문의 영역으로 파악하는 역사철학을 거부하며, "역사적 현상의 일회성이나 불가해한 진실과 현실"로 파악할 것을 크네히트에게 말한다. 크네히트는 야코부스 신부를 통해 혼돈 속에서 질서를 찾고 풍요로운 현실로서의 역사의 의미에 대해 배우게 되면서, 현재와 자신의 생활을 역사적 현실로 볼 수 있게 됨으로써 현실을 긍정하게 된다.[4]

부르크하르트는 헤세로 하여금 인간이 만든 문화는 무상하며 상대적이라는 것, 현실의 혼돈 저편에 감추어져 있는 인간 정신의 확고함에 대한 믿음을 갖게 해주었다. 다시 말해 헤세는 문화와 역사 연구를 통해 인간의 정신세계에 더욱 관심을 갖게 되었다. 헤세는 역사가 부르크하르트를 통해서 문화를 창조하는 창조적인 인간 정신의 자발성과 르네상스 시대의 예술세계와 그 의미를 알게 되면서,[5] 자신의 삶과 활동을 역사적 생성과 변화의 흐름 속에서 파악하게 되었다. 다시 말해 성찰적 삶(vita contemplativa)을 영위하였던 헤세는 부르크하르트를 통해 인간사에 있어서 실천적 삶(vita activa)에 대한 관심을 갖게 되었다고 할 수 있다.[6]

《페터 카멘친트》 속에서 페터 카멘친트는 부르크하르트의 영향으로 인하여 이탈리아 문화와 역사 연구를 통해 인간 정신의 의미에 대한 관심을 갖게 하고, 이 과정을 통해 아시시의 성 프란체스코(Francesco)의 현실 속에서의 가르침과 봉사하는 삶의 모습을 알게 되었음을 밝히고 있다.

아름다운 자연과 그 속에서 영위하는 소박한 삶을 알게 한 성자 '성 프란체스코'의 정신

4장에서는 카멘친트가 취리히 대학시절, 어린 시절부터 소원이었던 이탈리아로 여행을 떠나 경험했던 이야기들이 묘사된다. 이탈리아는 카멘친트에게는 성 프란체스코(Francesco, 1182~1226)의 흔적과 정신을 경험해 볼 수 있는 곳이다. 성 프란체스코는 프란체스코 수도회의 창시자이며 참회를 권하고 방랑하는 설교자이다. "신의 음유시인(Spielmann Gottes)"(제2권 66쪽)이란 별명을 지니기도 하는 성 프란체스코는 《태양의 노래(Sonnengesang)》를 쓴 시인이자 자연 찬미가이며, 무소유의 철학을 가지고 모든 창조물에 대한 사랑을 전파하는 가톨릭의 성자이다.[7] 카멘친트는 성 프란체스코의 《태양의 노래》를 리하르트와 함께 읽고 "거의 외울 정도"(제2권 61쪽)이다. 헤세 또한 성 프란체스코에 대하여 많은 관심을 가지고 평생 연구하였다. 헤세는 1904년에 슈스터와 뢰플러(Schuster & Loeffler) 출판사에서 성 프란체스코에 대한 전기에 대한 연구서를 쓰기도 하였고, 1920년 〈벨하겐과 클라스팅의 월간 잡지(Velhagen & Klastings Monatshefte)〉에 〈아시시의 성 프란체스코의 어린 시절에서(Aus der Kindheit des heiligen Franz von Assisi)〉라는 논문을 발표하기도 하였다.[8]

카멘친트도 취리히 대학 시절 아시시의 성 프란체스코를 알게 되었다. 그는 성 프란체스코에 대한 연구를 하면서 “나는 그때까지 꿈속에서 풍부한 생활과 정신이 내 눈앞에 나타나는 것을 보았지만, 날마다 진실로 변하고 야심과 기쁨과 청춘의 자부를 느끼게 하며 내 마음을 설레게 하였다.”(제2권 43쪽)고 말하며 성 프란체스코를 통해 자신의 삶에 대한 열정이 살아나고 삶의 방향이 정해짐을 느낀다고 밝히고 있다. 카멘친트도 헤세와 마찬가지로 “초기 성 프란체스코파 사람들의 생활을 그리려고 하나의 작품을 준비하고” 있었으며, “소박한 재료를 모아”(제2권 72쪽) 논문을 썼다.

> 나는 성 프란체스코가 걸었던 길을 지나며 그가 나와 나란히 걷고 있는 것같이 느낀 일이 한두 번이 아니었다. 헤아릴 수 없는 사랑이 넘쳐 흐르는 마음으로 어린 새들이나 샘물이나 무성한 들장미에 대해서 감사와 기쁨이 넘치는 인사를 했다. 햇빛을 받아 반짝이는 언덕에서 레몬을 따먹고 자그마한 마을에서 머물며 혼자 마음속으로 노래도 부르고 시도 짓고 아시시의 성자의 사원에서 부활제를 축복했다.
>
> —— 제2권 65쪽 이하

방랑하기를 좋아하는 카멘친트는 이탈리아로 여행을 가게 되자, 성 프란체스코의 삶의 발자취를 찾기 위해 이탈리아의 구석구석을 찾아다닌다. 카멘친트는 성 프란체스코로부터 배운 관점은 자연, 소박한 삶을 영위하는 문제 그리고 베푸는 사랑 등이다. 뤼티(Hans

Jürg Lüthi) 역시 카멘친트의 성 프란체스코 체험은 결합과 화해에 대한 그의 노력이 자연, 사물과 인간에 대한 사랑하는 관계를 알게 되는 것이라고 분석하고 있다.[9]

카멘친트는 성 프란체스코와 이탈리아 경험을 통하여 아름다운 자연과 그 속에서 영위하는 소박한 삶을 알게 되었다. 카멘친트가 베푸는 사랑을 설파하는 성 프란체스코의 가르침을 따랐던 대표적인 예는 바젤시에서의 보피(Boppi)와의 에피소드이다. 카멘친트는 곱추인 보피를 만났을 때, 처음에는 불구자인 것에 대해 싫은 내색을 하면서 억지로 악수를 한다. 그러나 곧 이탈리아에서 아눈치아타 나르디니(Annunziata Nardini) 부인 집에서 머물면서 마을 사람들에게 모든 사람들을 사랑하라고 했던 아시시의 성 프란체스코의 이야기를 들려주었던 자신을 기억하고는 부끄러워하고 참회하며, 마치 하느님이 자신에게 하는 말인 것처럼 느끼며 다음과 같은 말을 내뱉는다.

> 그대 시인이여! […]
> 그대 움브리아 사람의 제자여! 사람을 사랑할 것을 가르치고 행복하게 하려는 그대 예언자여! 바람과 물속에서 내 목소리를 들으려고 하는 몽상가여! 그대는 친절한 대접을 받으며 편안한 시간을 보낼 수 있는 집을 사랑한다.
>
> —— 제2권 111쪽

성 프란체스코의 탄생지인 아시시는 움브리아 지방에 위치해 있다. 그러므로 '움브리아 사람'이란 뜻은 성 프란체스코를 뜻한다. 하느님은 카멘친트를 '시인'으로 부르며 그가 그리고 성 프란체스코의 제자로 부르며 '친절한 대접'을 베풀 수 있는 사람이 되라고 말한다.

그 후 카멘친트는 보피를 자신의 집으로 데리고 와 그를 보살펴 준다. 그리고는 카멘친트는 보피와 생활하면서 결국 자신이 그를 도와주는 것이 아니라 오히려 그의 제자가 되었음을 인식하며 즐거운 시간을 보내게 된다. 카멘치트는 보피에 대한 봉사와 우정을 통해 성 프란체스코의 베푸는 사랑을 몸소 실천하였다. 그러나 흥미로운 것은 헤세는 카멘친트의 성자 프란체스코에 대한 체험을 대단히 진지하게 표현하고 그 사랑을 높이 평가하면서도 아이러니컬하게 그리고 유머 있게 말하기도 한다. 5장의 마지막에 헤세는 다음과 같이 표현하다.

> 어느 정도 진정이면서도 한편 장난조로 계약을 맺어두었다. 결국 아시시의 성자의 찬가 속에 '내가 사랑하는 형제인 포도주'를 첨가해서 넣기로 했다.
>
> —— 제2권 83쪽

술을 좋아하는 카멘친트에게 성 프란체스코의 고향인 이탈리아는 포도주의 나라이기도 하다. 작가는 주인공의 과도한 감정적 측면을 거리를 두고 아이러니컬하게 표현하고 있다. 다음은 《페터 카멘친트》에 등장하는, 그리고 헤세가 실제로 체험했던 이탈리아 여행이 작품의 주제와 연관하여 어떤 형상으로 나타났는가 살펴보기로 한다.

죽음의 이미지 ― 오르카냐의 〈죽음의 승리〉

헤세의 작품들에서는 죽음의 모티브가 종종 등장한다. 헤세도 15세에 자살을 시도하였고 그의 동생 한스도 1935년 자살하였다. 헤세는 1901년 피사의 공동묘지(Camposanto) 내부의 세 벽면을 장식하고 있는 14세기 이탈리아의 화가이자 조각가, 건축가인 안드레아 오르카냐(Andrea Orcagna, 1308~1368)의 〈죽음의 승리(trionfo della morte)〉를 감상하였다. 헤세는 이 벽화에 등장하는 죽음의 모습들을 〈고대의 사라져간 예술의 매력에 대하여(Vom Zauber einer alten, untergegangenen Kunst)〉라는 자신의 글 속에 다음과 같이 상세히 설명한다.

> 한가운데 세 그룹으로 구분되어 두렵게 인간을 지배하는 죽음의 승리가 묘사되어 있다. 화려하게 차려입은 고귀한 사냥꾼들이 훌륭한 말을 타고 있으며, 사냥개들이 짖고 있다. 갑자기 이 즐거운 무리의 맨 앞부분에 세 개의 무덤이 열렸다. 그 속에 시신들이 부패해 가는 여러 프라이아가 보였다. 말을 타고 있는 아름다운 젊은이는 얼굴이 창백해졌고 두려워하며 뒤따라오는 사람에게 말없이 손을 뻗어 가르

쳐 주었다. 그의 오른편의 한 귀부인이 두려워하고 당황해하며 이쪽을 쳐다보았다. 그리고 죽음의 두려움으로 인한 전율이 화려한 사람들 사이에 자리 잡고 있었다. 한 마리 작은 개가 두려워하면서 꼬리를 저으며 무덤가로 다가갔다. 말들 중에 한 마리가 목을 뻗어 시신을 바라보았다. 그 뒤를 따라오던 귀부인은 두려워하며 아름다운 얼굴을 손에 묻고는 더 이상 바라보지 못하고 있다. 전체 무리들이 두려워하며 굳어져 있는데 맨 뒤의 사람만은 아무 것도 알지 못한 채 즐거워하며 바라보고 있는 모습이 우리에게 거만스럽게 보인다. 그러나 그들이 가장 두려워하는 무리들이었다. 가난한 자와 거지들이 길에 서 있었다. 그들은 모두 비참하고, 늙고 병들어 있었으며 삶에 지쳐 있었다. 한 사람은 눈이 멀고 다른 사람은 절룩거리고 있었고, 또 다른 사람은 늙어서 등이 굽었거나 불행으로 인하여 말이 없었다. 두려워 하는듯한 제스처와 시선으로 그들은 죽음에게 애원하였다. 죽음은 그들을 구원하는 것 같았다. 그들은 기꺼이 죽으려고 준비되어 있는 유일한 사람들이었다. 그러나 죽음은 그들의 소원을 들어주지 않는다. 무시무시한 복수의 여신으로 보이는 죽음은 거대한 낫으로 그녀의 수확물들, 즉 살고자 매달리는 젊은이들, 부자들, 아름다운 여인들, 귀족들을 잘라낸다. 그들은 죽은 것처럼 바닥에 누워있다. 수도원장, 귀족들, 귀족 부인 그리고 한창 때에 붙잡힌 청년들. 저 위 하늘에서는 그 영혼들을 붙잡기 위해 천사와 악마가 서로 투쟁하고 있다.[10]

〈죽음의 승리〉 __ 안드레아 오르카냐

주검을 마주하고 두려워하는 사람들

죽음이 닥친 것을 인식하지 못하는
자만에 가득 찬 인간들

기꺼이 죽음을 맞이하는 사람들

벽화 속에서 주검을 접하는 사람들은 화려하게 차려입은 귀족, 귀족 부인 그리고 젊은이, 걸인과 불구자들이다. 헤세는 이 그림 속에 주검에 대하는 사람들의 다양한 대응방식들을 분석한다. 즉, 주검을 마주하고 두려워하는 사람들, 죽음이 닥친 것을 인식하지 못하는 자만에 가득 찬 인간들과 기꺼이 죽음을 맞이하는 사람들이다. 그러나 이 작품은 결국 인간은 죽음 앞에 굴복하기 마련임을 보여주는 작품이다. 피사의 공동묘지 속에 그려진 벽화처럼 죽음의 의미를 강력하게 표현하는 작품을 결코 본 적이 없음을 헤세는 말하고 있다.[11] 헤세는 피사에 있는 공동묘지에서 죽음과 연관한 예술 체험을 《페터 카멘친트》 속에 죽음을 맞이하는 카멘친트의 어머니, 친구 리하르트, 어린 소녀 아그네스(Agnes) 그리고 불구자 보피 등의 모습을 통해 묘사하고 있다.

《페터 카멘친트》에서는 죽음은 주인공의 성장 과정에서 중요한 역할을 하면서, 삶의 과정에서 터닝 포인트를 제공한다.[12] 카멘친트는 어머니가 돌아가시기 전 "겁을 집어먹은 듯이 떨리는 신음 소리를" 내지만, 결국 "그녀의 두 손이 마치 잠자는 수녀처럼 홑이불 위에 조용히 놓이며"(제2권 31쪽)는 것을 보며, 자신의 영혼이 "맑은 아침 하늘의 차가운 자유의 세계"(제2권 31쪽)로 들어가는 것을 느낀다. "고요히 엄숙하고 용감한 태도로 죽음에 임하는"(제2권 31쪽) 어머니의 죽음에서 "숭고"(제2권 32쪽) 함을 느낀 카멘친트는 죽음이 두렵기만 한 것이 아니라, 인간을 "성숙하게 하고 앞날을 밝혀주기 위한 것"(제2권 69쪽)이라는 것을 깨닫게 된다. 그리고 어머니의 장례식을 치루며 "넓은 세계"로 나가기로 결심한다. 그리고 카멘친트는 이탈리아 여행을 함께 했던 리하르트가 갑자기 물에 빠져 죽자, 고통스러움에 방황하게 된다. 그러나 친구의 죽음 후에 남겨진 그는 인생이라는 항해 속에서 "싸우며 배회해야"하며 "꿋꿋하게"(제2권 67쪽) 살아야 하면서도 때로는 "고집"(제2권 68쪽)을 굽힐 줄도 알아야 하는 인생의 교훈을 깨닫는다. 카멘친트는 가구공의 딸인 아그네스의 죽음도 접하게 된다. 그녀는 어리고 병약하여 고통을 겪으며 "모진 죽음과 싸우다"(제2권 105쪽)가 결국은 죽음에 의해 정복당하여 일찍 생을 마감한다. 카멘친트는 리하르트의 죽음을 접할 때와 달리, 그녀의 죽음을 슬프게만 보지 않는다. 그는 그녀의 "무덤위에 자란 나무와 잔디, 또는 거침없이 즐겁게 묘지의 정적을 헤치고 날아가는 새"(제2권 105쪽)를 본다. 불구자 보피도 죽음을 통해 자신의 신체적 결함에서 오는 고통을 극복할 수 있으리라고 여기고 "행복한 사람처럼"(제2권 125쪽) 죽음을 맞이한다. 보피의 죽음을 통해 카멘친트는 자그마한 기쁨에서도 행복을 찾는 것을 배우게 된다. 헤세는 피사의 공동묘지의 〈죽음의 승리〉에서 경험한 죽음을 마주한 인간의 자세, 혹은 죽음이 인간에게 주는 의미를 《페터 카멘친트》에 등장하는 인물들, 즉 어머니, 아그네스, 보피 그리고 리하르트의 죽음을 통해 표현하고 있다. 자살을 생각하기도 한 주인공 카멘친트는 죽음의 다양한 양상들을 통하여, 삶에 대한 자신의 마음가짐을 재확인하고 자신의 영혼의 힐링을 찾는다.

동경, 방랑 그리고 그리움

헤세는 1901년 1월 19일자 일기에, 저녁 한때 이탈리아의 토스카나 주의 항구 도시 리보르노(Livorno)에서 시간을 보냈다고 기록하고 있다. 리보르노에서의 체험을 바탕으로 1901년에 두 개의 시, 〈리보르노의 항구(Hafen von Livorno)〉와 《오디세우스 리보르노 옆에서(Odysseus bei Livorno)》라는 시가 탄생되었다. 이 두 개의 시는 1902년 11월에 출간된 헤세의 두 번째 작품 《시집(Gedichte)》에 포함되어 있다. 저녁녘 리보르노 항구에서의 체험은 《페터 카멘친트》에서도 재현된다. 시 〈리보르노의 항구〉의 내용은 다음과 같다.

리보르노의 항구(Hafen von Livorno)

수 년 전에 보았던 하나의 그림에 대한
아련한 그리움이 내 마음에서 한 번도 지워지지 않는구나.
그리움은 내 꿈속에서 청년 시절
방랑하며 불렀었던 한 때는 잊혀진 멜로디가
멀리 혹은 가까이에서 친근하게 들려온다.

태양이 수평선 속으로 떨어져, 지친 듯한 불길이 가득했었다.
멀리 보이는 섬의 산등선은 하늘의 아지랑이 속에서
아련히 보였었다. 그리고 바다에서 밀려오는 물결은
내가 타고 있었던 어부의 검은색 뱃전에
놀라웁게 박자를 맞추고 있었다.

삼각형 모양의 노란색 돛대가 부둣가에서
펄럭이고 있었다. 흐릿하게 빛을 내는 등불 하나
황금빛 바다 위에 비스듬히 비추고 있었다.
그리고 마지막 붉은 빛줄기들이
바이올렛으로 물든 저녁 대지 위를 비추고 있었다.

—— 제10권 117쪽

헤세는 1901년 1월 19일의 일기 속에 리보르노 항구에서의 아름다운 경치를 즐겼던 것이 한 폭의 '그림'으로 기억되었음을 밝히고 있다. 이 기록에는 그가 리보르노 항구로 배를 타고 가며 보았던 아름다운 저녁경치, 많은 돛단배들이 떠 있는 아름다운 바다, 바다 위에 어른거리는 장식된 배의 반사광, 별들이 떠있는 하늘 등의 풍경을 즐겼으며, 등대에 올라가 망원경을 통해 코르시카(Korsika), 엘바(Elba)와 다음에 도착할 여행지 피사의 돔을 보기도 했다고 적혀 있다.[13] 리보르노 항구에서의 헤세의 체험이 시 〈리보르노의 항구〉에서도 나타난다. 작가의 시적 자아는 마치 꿈속에서 아련히 들려오는 다정한 노래처럼 예전에 보았던 항구의 아름다운 풍경들을 기억해

낸다. 기억의 대상들은 다음과 같다. 즉, 저녁녘에 수평선에 떨어지는 태양, 태양 주위의 아련한 불길, 멀리 보이는 섬의 산등선, 바다에 넘실거리는 물결, 유난히 눈에 띄는 노란색 돛단배, 비스듬히 비추는 등대의 등불 등이 그것이다. 헤세의 시에서 그가 과거 이탈리아를 여행했던 체험은 그의 마음속에 아름다운 한 폭의 그림이 되어 펼쳐지고, 머나먼 곳을 방랑하고자하는 젊은 시절의 동경은 세월이 지나 과거를 추억하는 시점에서는 그리움이 되고 있다. 리보르노에서의 체험과 그 속에 등장하는 소재들은 《페터 카멘친트》의 4장에서 카멘친트가 리하르트와 여행을 하며 시간을 보냈던 이탈리아 북서부의 항구 도시 라팔로(Rapallo)에서도 그대로 재현된다.

> 나는 맑고 푸른 파도나 해안가의 황갈색 바위나 높고 잔잔한 하늘이나 끊임없이 설레는 파도 소리에 에워 쌓였다. 멀리 가물거리며 지나가는 배, 검은 돛배와 하얀 돛, 멀리 떠나가는 기선에서 가느다란 연기가 나부끼는 광경은 언제나 다시금 내 마음을 사로잡았다. 내가 좋아하고 쉴 줄 모르며 흘러가는 구름 이외에는 그러한 배, 다시 말하면 멀리 가물가물 달리며 점점 작아져서 활짝 트인 수평선 속으로 사라지는 배만큼 동경과 방랑을 아름답고 엄숙하게 나타내 주는 것을 나는 알지 못한다.
>
> —— 제2권 65쪽

카멘친트는 라팔로에서 수영을 하며, 넘실거리는 파도, 구름, 멀리 보이는 돛단배, 기선의 연기 그리고 수평선에서 다시 동경과 방랑을 예감한다. 〈리보르노의 항구〉에서 나오는 동경과 방황을 의미하는 돛단배와 멀리 떠나가는 기선은 《페터 카멘친트》에서는 카멘친트의 고향 니미콘에서 어린 시절 콘라드 아저씨가 만든 돛단배로도 형상화된다. 카멘친트는 콘라드 아저씨가 아버지의 작은 배에 돛과 닻줄을 달아 멀리까지 갈 수 있는 돛단배를 만들려고 노력했지만 항상 실패로 끝이 났던 것을 기억해냈다. 아저씨의 돛단배는 마을 사람들의 희망과는 달리 멀리 가지 못했지만, 작은 고향의 마을 사람들과 카멘친트에게는 멀리까지 갈 수 있게 하는 동경의 상징이었고, 세월이 흐른 후에도 카멘친트에게는 멈추지 않는 동경과 그리움의 상징이 된다. 이러한 경향은 마치 "쉴 줄 모르고 흘러가는 구름"(제2권 65쪽)으로도 묘사된다. 리보르노 항구에서의 체험과 연관된 또 다른 시의 내용은 다음과 같다.

오디세우스 —— 리보르노 옆에서(Odysseus bei Livorno)

저녁녘 태양빛을 받고 있는 저 멀리에 있는 작은 배는
검은 색의 돛을 달고 수평선을 향해 나아간다.
강력한 마법의 힘은 나로 하여금 보이지 않는
세계의 저편을 응시케 한다.

나의 꿈속에서는, 모든 바다를 떠돌며
말할 수 없는 그리움을 마음에 담고
사랑하는 고향을 찾는 고귀한 오디세우스가
돛단배의 노를 젓고 있었다.
며칠 밤이나 내내 그는 이 운명에 저항하면서
수백 번이나 두근거리며 두려움을 느끼고
불안과 죽음을 각오하고 계속해서 투쟁하면서
하늘의 별들을 찾고 있었다,
폭풍우에 쫓겨 희망이 없는 항해를 해도
목표와 완성을 굽힘없이 기대하였네.

멀리 있는 배는 나의 시선을
어두운 바다로 이끌어, 그의 운명은
나의 꿈을 가득 채우고 그리고 조용히 질문하며
파란 하늘로 그의 환상을 펼쳐 보인다.
그곳은, 인내하는 자의 배는 어디로 가나,
그곳의 행운은, 나의 소망은 어디로 달음질치나?
아마도 __ 그리고 어떤 배가 나를 그곳으로 인도를 할 것인가?
잠시 혼란에 빠질지라도, 그대 심정이여, 인내할지니!

—— 제10권 79쪽

이 시에서도 핵심어는 배이다. 배는 헤세로 하여금 멀리까지 방랑할 수 있는 수단으로, 두려움과 환상의 세계로 이끈다. 배는 인생이라는 바다위에서 항해하며 온갖 어려움을 겪으며 방황하지만, 인내하면 결국은 도착지인 인생의 목표나 완성에 도달할 수 있을 것임을 이 시는 말하고 있다. 헤세는 꿈속에서 고향을 떠나 끝없이 항해하며 그 방랑의 끝을 알 수 없어 두려워하면서도 닥쳐오는 죽음과 고난 속에 살아남기 위해 투쟁하고 인내해야했던 오디세우스가 되었다. 헤세도 오디세우스처럼 이탈리아의 바닷가를 여행하면서 방랑자로서 타향에서 느끼는 두려움과 달콤한 환상을 동시에 느낀다. 그는 오디세우스처럼 어려움을 겪을 때면 '혼란에 빠질 수'는 있으나 인내하면서 환상을 뒤쫓는다.

카멘친트도 젊은 시절에는 삶에 대한 불안을 느끼면서도 어디론가 떠가고자하는 희망에 휩싸이기도 한다. 헤세는 카멘친트가 1900년대의 독일 청소년 운동의 일환중의 하나인 반더포겔(Wandervogel) 운동을 추구하는 인물이라 칭한다. 반더포겔은 1897년 독일의 체육교사 피셔(K. Fischer)에 시작되어, 청소년들이 낯선 지역의 산과 들을 도보로 여행하며 심신을 다지는 운동이다. 그리고 카멘친트가 이러한 과정을 통하여 시인이 되고 있음을 밝히고 있다.[14] 젊은 시절에 느낄 수 있는 "충족되지 않고, 충족될 수 없는 갈망"(제11권 26쪽)은 카멘친트로 하여금 이탈리아로 향하게 한다. 그는 이탈리아의 제노아(Genua)에서는 "타향에서 방황하며 넓은 바다를 떠돌아 다녀야 하는" 운명을 가지고 태어났다는 생각까지 하게 된다. 저 멀리 지나가는 배와 기선에서 나오는 가느다란 연기는 '동경과 방랑' 그리고 막연한 그리움을 상징한다. 머나먼 곳을 동경하며 "무한한 것과 영원한 것"(제2권 65쪽)을 느끼고자 하는 카멘친트의 근원에 대한 열망과 어린 시절부터 지녔던 방랑에 대한 친밀감은 콘라트 아저씨의 배로 상징화된다.

토스카나 풍경화

헤세는 1901년에 토스카나 주의 플로렌츠 근교에 머물며 피에졸레(Fiesole)라는 곳으로 자주 산책하였다. 그곳은 가파른 산을 지나 산 클레멘테(San Clemente) 골짜기로 연결이 되는 곳이다. 그는 이 근처에서 보냈던 시기를 자신의 일기에 다음과 같이 자세히 기록하고 있다.

> 여기에서부터 아름답지만 그리 사람들이 많이 다니지 않는 무더운 길을 지나면 꿈속에서처럼 황량하고 죽은 듯이 고요한 산 클레멘테 계곡이 나타난다. 이곳은 황야로, 몇 시간 동안 사람들 말소리로 인해 방해를 받지 않고 편히 지낼 수 있다. 피에졸레에서 가장 아름다운 장소는 말할 것도 없이 높은 곳에 자리 잡고 있는 수도원이다. 그곳에서 나는 넓은 담 위에 앉아 있는 바구니 짜는 여자들과, 거지들 그리고 아이들과 잡담을 나누며 따뜻한 오후를 꿈꾸듯이 지낼 수 있었다. 그곳에 한그루 장대한 측백나무가 서 있다. 뿌리에서 뻗어 나

온 두 개의 나뭇가지의 가늘지만 풍요로운 검은 정수리가 하늘로 향해 있다. 그 아래에는 포도밭과 초록빛을 띤 올리브 정원이 가파르게 멀리 바다 쪽으로 향하고 있다. [...] 그곳에서 볼 수 있는 가장 아름다운 것은 저녁녘의 일몰이다. 나는 이 잊을 수 없는 풍경을 다섯 번 정도 즐겼었다. 그리고 그 날 저녁의 추억은 나의 마음속에 남아 있다. 때는 4월 말 무덥지만 빛을 발하던 밤이었다. 라스키네의 축제에서는 도시 사람들 그리고 이방인들을 유혹하지만, 이 산꼭대기에는 단지 몇몇의 산보객들만이 찾아올 뿐이다."[15]

헤세의 일기 속에 등장하는 황량하고 고요한 계곡, 높은 곳에 위치해 있는 수도원, 웃으며 담소를 나누는 아이들과 그 외 여러 종류의 사람들 그리고 태풍에 힘겨워 하며 사투를 벌이는 나무는 헤세의 〈산 클레멘테의 측백나무들(Die Zypressen von San Clemente, 1901)〉이라는 시 속에 다시금 등장한다.

날렵한 나무 정수리는 바람 속에 몸을 굽히고
수도원의 공동묘지에는 부인들로 가득 차 있네.
웃음소리 가득한 그 곳. 많은 사람들이 태어나
다시 묻히는 그곳.

그곳은 수 년 전부터 신들이 기도하는
사람들로 가득 차 있는 사원.

그러나 신들은 죽었고 사원은 텅 비어 있다.
그리고 초원에는 쓰러진 기둥만이 여기 저기 흩어져 있다.

계곡들과 은빛으로 빛나는 평지들이 보인다.
그곳은 사람들이 즐거워하기도 하고 피곤해 하기도 한다.
그리고 기사들이 말을 타기도 하고 사제들이 기도문을 읊조리기도 하는 곳
그곳은 자매들과 형제들이 함께 묻히는 곳.

그리고 폭풍우가 몰아치는 밤이 오면
우리는 슬픔에 죽을 듯 두려움에 사로잡혀 몸을 숙인다.
나무들은 불안에 떨며 고요히 기다린다.
혹여나 죽음이 우리에게 다가오는지 아니면 그냥 지나갈는지.

—— 제10권 91쪽 이하

이 시도 헤세의 두 번째 《시집》에 포함되어 있다. 시의 배경은 공동묘지가 있는 오래된 사원 그리고 계곡과 평지이다. 헤세는 수도원의 공동묘지에 죽음과 방문객의 웃음소리가 공존하고 있음을 그린다. 쓰러진 기둥만이 남아 있는 오래된 수도원에는 신들이 존재했던 과거의 흔적만이 남겨져 있다. 헤세의 일기 속에 등장하는 계곡과 계곡에서 내려다보이는 먼 곳의 풍경은 여기에서 '은빛 평지'로 나타난다. 신들의 도움도 받을 수 없게 된 그곳엔 "피곤한" 인간들의 기도 소리만 들린다. 삶 속에서 인내하며 살아가야만 하고 죽음을 두려

워하는 인간의 모습은 폭풍우가 몰려오면 몸을 굽히고 불안에 떠는 측백나무에 비유된다.

외지고 쓸쓸한 분위기가 묻어나는 산 피에졸레에서의 헤세의 체험은 《페터 카멘친트》 속 5장에서 토스카나 풍경화에 대한 설명으로 다시 등장한다. 카멘친트는 리하르트가 죽고 나서 여러 가지 일에 몰두하면서 우울한 심정을 달래려 하던 중, 바젤 시의 어느 학자의 딸인 엘리자베트(Elisabeth)를 알게 된다. 카멘친트는 바젤의 어느 모임에서 잡담을 나누는 사람들과 떨어져 홀로 토스카나의 풍경화가 담긴 그림책을 보며 산 피에졸레의 근교 산 클레멘테 골짜기의 풍경을 담은 그림을 감상하고 있다. 카멘친트는 자신이 감상하는 그림을 다음과 같이 설명한다.

> 그 골짜기는 험하고 특이한 아름다움을 간직한 곳이고 높고 험한 벌거숭이산으로 둘러 싸여 있어 적적하고 인적이 드문 곳이었다.
>
> —— 제2권 77쪽

카멘친트가 그림책을 감상하며 추억에 빠져 있을 때 엘리자베트가 다가와, 그들은 대화를 나누게 된다. 그 가운데에서 카멘친트는 토스카나 지역을 방문했던 그때를 회상하며, 그녀에게 다음과 같이 그곳의 경치를 설명한다.

> 묵묵히 여름날 오후의 뜨거운 햇살을 받으며 메마르면서도 당당하게 가로놓여 있는 산 클레멘테의 경치를 그려 보았습니다. 가까운 피에졸레에서는 공장을 운영하며 밀짚모자나 바구니를 엮기도 하고 기념품이나 오렌지를 팔기도 하며 손님을 속이기도 하고 구걸도 하는 사람들을 만날 수 있습니다. 훨씬 밑에는 플로렌스가 가로놓여 있으며, 낡은 생활과 새로운 생활이 뒤섞여 있습니다. 그러나 산 클레멘테에서는 그 두 곳은 보이지 않습니다. 거기서 일을 한 화가는 없었고 로마식 건물도 없었습니다. 역사는 그 골짜기를 잊어버리고 말았습니다.
>
> —— 제2권 78쪽

토스카나 지역의 클레멘테 계곡에 대한 추억은 엘리자베트와의 대화에서도 등장한다. 계속해서 그는 다음과 같이 말하고 있다.

> 나는 젊었을 때 어떤 친구와 같이 그곳을 거닐며 측백나무 밑에서 자기도 하고 그 메마른 뿌리에 기대기도 했던 일, 흔히 볼 수 없는 골짜기의 슬프고도 아름답고 쓸쓸한 매력이 내 고향의 계곡을 연상케 했던 것을 그 여자에게 말해 주었다.
>
> —— 제2권 78쪽

위에서 언급된 것처럼 헤세의 일기와 시에서 나오는 쓸쓸한 골짜기와 나무가 《페터 카멘친트》에도 등장한다. 카멘친트가 방랑을 하면서 찾아가는 곳은 외딴 곳이다. 머나먼 곳으로 방랑하면서도 자신의 고향 계곡을 연상하는 카멘친트의 심리 상태는 "방랑과 안주"[16]를 일삼은 헤세의 삶의 실제 모습이기도 하다. 헤세와 카멘친트의 피에졸레와 산 클레멘테의 체험은 카멘친트가 방황과 방랑을 한 뒤에 결국 고향집에 안주할 것을 예감케 한다. 광활하고 숭고한 자연 그리고 그 자연이 일으키는 고고한 분위기 속에서 느끼게 되는 인간의 고독함 그리고 죽을 수밖에 없는 인간의 한계를 헤세는 토스카나 풍경화에서 보여주고 있다. 그러나 헤세는 예술을 통해서 죽음을 초월하여 무한하고 영원한 구원을 얻을 수 있음도 깨닫는다. 그것은 소박한 삶을 영위하는 여인들, 상인들, 걸인들에 대한 인지와 다음에 나오는 세간티니의 그림의 의미 그리고 더 나아가 성 프란체스코의 종교관-자연관과 연관되는 것이다.

세간티니의 그림세계

5장에서 카멘친트는 미술관에서 다시 만난 엘리자베트가 열중해서 감상하고 있는 이탈리아의 화가 세간티니(Giovanni Segantini, 1858~1899)의 그림에 대해 다음과 같이 말하고 있다.

> 알프스의 메마른 목장에서 일하는 두서너 명의 시골 여자를 그린 그림이었는데, 배경에는 스톡홀름 연봉이라도 되는 듯이 톱날같이 험

한 산들이 솟아 있었다. 그 위에는 차가운 맑은 하늘에 뭐라고 말할 수 없을 만큼 천재적으로 그려진 하얀 구름이 떠 있었다.

—— 제2권 80쪽

세간티니는 이탈리아 화가로서 알프스 산중에 살면서 산악, 농촌과 호수에서 펼쳐지는 농부들의 일상적인 생활과 풍물 그리고 자연 풍경들을 알프스 특유의 광선 효과를 이용하여 시적으로 묘사한 알프스 풍경화와 우의화를 그리는 것으로 유명하다. 그는 범신론자로 주변 환경과 신비적 교감을 나누며, 그것을 그림으로 표현한 작가로 알려졌다. 카멘친트는 세간티니의 그림을 설명하면서 그가 그려내려 하는 자연에 대한 자신의 관점을 다음과 같이 이야기하고 있다. "현실적이며 육체적인 것을 좋아하는 티치아노가 맑고 구체적인 그의 그림에서 어째서 가끔 아늑한 푸른 하늘을 배경으로 삼았을까?"(제2권 81쪽 이하)라고 반문하며, 그는 사람 중심으로 그림을 그리는 이탈리아의 화가 티치아노(Vecellio Tiziano, 1488~1576) 조차도 자연을 그리지 않을 수 없을 것이라며, 자연의 중요성을 강조한다. 카멘친트는 세간티니의 그림 세계처럼 자연과 그 속에 자리 잡고 있는 소박한 사람들의 영혼을 보고자 했다. 카멘친트는 자연을 중심으로 그림을 그리는 세간티니처럼 사람보다는 자연, 도시보다는 시골이나 외진 곳에 더 많은 관심을 가지고 있다.

> 이 세상에서 눈앞에 어리는 모든 것을 아무런 생각도 하지 않고 연관성도 없지만 수첩에 간결한 메모로 써넣었다. 그것은 화가의 스케치북 같은 것으로, 짧은 말로써 실질적인 것만이 씌어 있었다. 그것은 좁은 길이나 신작로의 풍경, 산악이나 도시의 윤곽, 농부나 직공 또는 시장 여자들한테서 들은 이야기, 그리고 기상 법칙, 명암, 바람, 비, 바위, 식물, 동물, 나는 새나 물줄기, 가물거리는 바다 빛깔, 구름의 모양 같은 것을 적은 메모였다. 가끔 나는 그러한 것으로써 짤막한 이야기를 적어서 자연과 방랑기의 습작으로 발표했다. 어느 것이나 인간적인 것과는 관계가 없었다. [...] 나는 소박하고 무관심한 데서 벗어나 여러 가지 인간에 대해서 흥미를 갖게 되었다. [...] 아무튼 구름이나 파도를 바라보는 것은 인간 연구보다 즐거운 일이었다.
>
> —— 제2권 99쪽

카멘친트는 세간티니의 그림 세계를 통해 성 프란체스코의 자연관에 대해 관심을 갖게 된다. 자연 속에 모든 생물들을 포함시켜 "아름다우면서도 훨씬 순진하게 표현"(제2권 82쪽)하는 성 프란체스코의 모범에 따라, 카멘친트는 인간과 자연의 소박한 조화를 추구하고자 했다.

목가적 생활

헤세는 첫 번째 이탈리아 여행 중에 기록한 1901년 5월 18일자 일기에 밀라노에서 브레라(Brera) 미술관과 폴디 페촐리(Poldi Pezzoli) 박물관을 방문하였음을 밝히고 있다. 이 일기 속에서 그는 브레라 미술관에서는 이탈리아의 화가 보르도네(Paris Bordone, 1500~1571), 치마 다 코넬리아노(Chima da Conegliano, 1459~1517), 조반니 벨리니(Giovanni Bellini, 1430~1516)와 크리벨리(Carlo Crivelli, 1430~1495)의 그림을, 폴디 페촐리 박물관에서는 루이니(Bernardino Luini, 1481~1532), 로토(Lorenzo Lotto, 1480~1556) 그리고 보티첼리(Sandro Botticelli, 1445~1510)의 〈책 읽는 성모〉등의 그림들을 보았다고 말한다. 그러나 그는 밀라노에서 접한 르네상스 베네치아 학파의 예술품의 아름다움의 매혹되었음을 표현하면서도, 밀라노 성당 때문에 "소란하고 활발한"(제2권 63쪽) 대도시 밀라노와 화해하였음을 언급하고 있다.[17] 그리고 헤세는 두 번째 이탈리아 여행 중 적은 1903년 4월 2일자 일기 속에서 밀라노 성당의 지붕위의 성자들에 대한 유머러스한 일화를 다음과 같이 기록하고 있다.

> 밀라노에서 우리는 너무도 피곤하였지만 돔의 지붕에 올라갔다. 그리고 화려한 대리석 정원에 있는 멋진 석상들에 대한 농담을 하였다. 우리는 지붕 위에 거의 한 시간 동안 누워있었다. 그리고는 우스꽝스러운 많은 생각들을 이야기하며 시간을 보냈다. 예를 들어 다음과 같은 생각이다. 우선 성당 탑 위에 있는 성자들이 점차 하늘로 자리를 옮기면, 직위에 따라 저마다 자리를 옮기게 되고, 각자 일대 비약을

> 하면 전임자의 탑으로 올라가게 될 거야. 그리고 모두는 자기 앞에 온 사람들을 시기하며 앞서려고 하게 될 거야라고 [...].[18]

헤세의 일기 속 이러한 기록의 내용은 《페터 카멘친트》 속 4장 카멘친트의 첫 번째 이탈리아 여행 중 밀라노 방문 장면에서 거의 그대로 반복되어 있다. 소설 속 밀라노의 체험을 묘사하는 대목은 다음과 같다.

> [...] 리하르트는 지붕으로 올라가서 되는 대로 여기저기 늘어서 있는 석상들 사이를 거닐어 보자고 했다. [...] 우리는 4월의 햇볕을 받아서 약간 따스한 기운이 있는 비탈진 넓은 대리석판 위에 거의 두 시간동안 누워 있었다. 리하르트는 지루한 줄도 모르고 명랑한 어조로 말했다. [...] 가장 높은 탑으로써 가장 고귀하고 점잖은 성자가 서 있을 것이다. [...] 가끔 가장 위에 있는 성자가 구원을 받고 천국으로 자리를 옮기는 것은 당연하지 뭐야. [...] 물론 다른 성자들이 모두 정확한 지휘에 따라서 하나씩 자리가 오르게 되고 각자 일대 비약을 하면 전임자의 탑으로 올라가기 때문이지 뭐야. 더구나 제각기 모두 서둘며 자기 앞에 있는 자보다 앞서려고 하기 때문이야.
>
> —— 제2권 64쪽

카멘친트는 취리히, 파리와 베를린 같은 대도시에서도 생활하였지만, 취리히와 파리, 베를린의 문화와 풍경에 대해서는 그리 많이 언급하지 않는다. 그는 취히리의 "도시생활을 솔직히 찬양하거나 부러워한다는 것은 꿈에도 생각할 수 없고"(제2권 37쪽), 파리를 "저주받은 도시"(제2권 68쪽)라며 짧고 대단히 비판적으로 평하고 있다. 헤세도 카멘친트의 성향을 "너무도 소박하고 정이 넘치는"(제11권 27쪽) 인물이라고 설명하듯이, 카멘친트는 대도시에서는 평안함을 느끼지 못하고, 작은 도시에서만 평화를 느낀다.

카멘친트는 바젤에서 알게 된 엘리자베스에게 사랑을 고백할 기회를 잃고는 실의에 빠져 있다가, 6장에서 "행복의 나라"인 이탈리아로 다시 여행을 한다. 이탈리아의 문화 유적지를 중심으로 다녔던 첫 번째 여행과는 달리, 두 번째 이탈리아 여행에서 카멘친트는 아시시에 머문다. 이탈리아에서 그가 즐겨 찾는 곳은 고요하고 고독한 공간, 인간과 자연이 서로 합일될 수 있는 소박한 장소이다. 그가 머문 이탈리아의 소도시는 바젤의 사교계와는 다른 "소박한 사람들"(제2권 90쪽)이 사는 곳이며, "여유 있는 생활의 자연스러운 맛을 즐길 수 있는 곳"(제2권 66쪽)이고 성 프란체스코의 세계를 접할 수 있는 곳이다. 카멘친트는 나르디니 부인의 하숙집에서 밤에는 그 지방 사람들과 일상에 대한 대화를 나눈다. 때로는 카멘친트는 성 프란체스카와 그의 포르티운쿨라(Prtiunkula) 사원이나 성 프란체스코의 첫 번째 여성 제자인 성녀 클라라(Klara) 등과 자신이 이탈리아로 번역한 독일 신학자 아르놀트(Gottfried Arnold, 1666~1714)의 〈성부 성도전

(Das Leben der Altväter und anderer gottseliger Personen, 1700)〉을 이야기 해주고 소시민의 삶을 살고 찬양했던 독일의 시인 뫼리케(Eduard Mörike, 1804~1875)의 작품을 읽어준다. 때로는 스위스의 요들을 부르기도 하며 즐거운 생활을 보낸다. 그곳 사람들의 관심은 정말로 소박함 그 자체이다. 나르디니 부인은 성자의 전기보다는 과일 장수나 야채 장수 이야기하기를 더 좋아한다.[19] 빵 집 주인 마테오 스피넬리(Matteo Spinelli)는

> 여러 짐승들의 흉내를 내며, 좋지 못한 소문이라면 뭐든지 알고 있으며 여러 가지 교활한 계획을 꾸미고 있었다. 내가 성도전을 말하면 그는 매우 얌전하고 공손한 태도로 듣고 있었지만, 이야기가 끝나면 순진하고 너무 지나치게 맹랑한 질문이나 비유나 추측을 하며 성자를 놀려서 과일 가게 아주머니를 놀라게 하기도 하고, 수많은 청중들을 즐겁게 만들기도 하였다.
>
> —— 제2권 92쪽

카멘친트는 이렇게 단순하고 소박한 사람들 속에서 행복을 느낀다. 헤세의 글 〈플로렌츠를 기억하며(Wenn ich an Florenz denke)〉에 나오는 내용은 다음과 같다.

> 나는 주인집 아주머니와 부엌에서 함께 했던 저녁들과, 포도주를 파는 술집에서 동네 이웃집 젊은 남자들과 대화를 나누었던 밤들, 그리

고 그 집 현관 아래서 찢어진 바지를 꿰매면서 열렬하게 정치적 이야기를 나누며, 오페라에서 나오는 멜로디 그리고 유쾌한 민요들을 들려주었던 수다스러운 시골재단사를 기억하였다.[20]

《페터 카멘친트》 속 카멘친트가 나르디니 부인의 하숙집에서 저녁때가 되어 그 지방 사람들과 나누었던 즐거웠던 일상생활은 헤세가 기억하는 소박한 플로렌츠 사람들과의 체험들과 유사하다. 8장에는 카멘친트가 바젤로 돌아와 작가 생활을 하지만, 아버지의 병환 소식을 듣고 고향으로 돌아오는 이야기가 담겨있다. 카멘친트는 "고기는 물에 있을 것이며, 농부는 시골에 있을 것이며, 니미콘의 카멘친트는 아무리 재주를 부려 보아도 도회지 사람은 될 수 없다"(제2권 132쪽)며 고향집에 돌아올 수밖에 없는 이유를 말한다. 때마침 봄이 되어 불어 닥친 남풍으로 인하여 마을이 피해를 입자, 그는 이웃을 돕는 일에 적극적으로 나서게 되면서 고향에 머물게 된다. 카멘친트는 다시 예전처럼 고향집에서 소박한 삶을 영위하게 된다. 그러면서 그는 마음속으로 항상 창작을 계획하고 있으면서도, 콘라드 아저씨에게 "돛을 올려야지요."(제2권 134쪽)라고 말하며 자신의 끝없는 동경을 고백하면서 작품은 끝난다.

1951년 프랑스 중고등학교 교사시험에 〈소설가 헤르만 헤세, 특히 페터 카멘친트에 대하여(H. Hesse, le romancier, en particulier: Peter Camenzind)〉라는 문제가 출제되었다. 헤세는 프랑스 대학생들에게 카멘친트의 성향을 〈올해의 중등학교 교사시험의 테마에 대하여 프랑스 대학생들에게 보내는 인사(Gru ß an die französischen Studentne zum Thema der diesjährigen Agrégqtion)〉라는 제목으로 다음과 같이 설명하고 있다. 그는 "시인이기 때문에 충족되지 않았고 충족될 수 없는 갈망으로 자연에 관심을 갖는다. 그는 예술가의 열정과 경배의 마음으로 자연을 사랑한다."(제12권 195쪽) 그는 자연 풍경을 관찰하며 방황하기를 즐긴다. 그리고 자연은 그를 고양시킬 수 있는 "도피처"이다. 헤세는 이 글에서 카멘친트가 사색에 빠지길 즐겨하는 은둔자적 면모를 지녔고, 사회와 문명세계보다는 자연에 대한 관심으로 방랑을 즐기며 내면의 소리에 귀 기울이는 시인이라는 것을 밝히고 있다.

헤세는 피사의 공동묘지 벽화 〈죽음의 승리〉에서 죽음의 다양한 양상들을 경험하고 강렬한 인상을 받는다. 15세에 자살을 기도한 적이 있는 헤세는 누구보다도 죽음을 가까이 느끼며, 이 예술적 체험을 작품 속에 어머니와 친구 리하르트, 아그네스, 보피 등의 다양한 죽음의 양상으로 구현시킨다. 죽음을 맞이하는 그들의 태도가 카멘친트의 인생 방향 설정과 삶에서 가장 두려웠던 순간 그의 영혼을 힐링할 수 있는 결정적 힘을 준다. 작품의 마지막에 카멘친트는 고향에 정착하지만 어디론가 떠가고 싶은 그의 마음과 자신이 시인임을 인식하고 자신의 몇 편의 습작을 언젠가 완성할 계획을 내비치며 소설은 끝이 난다.

2부

진정한 자아를 찾아서 ___ 데미안

2부 진정한 자아를 찾아서 ___ 데미안

작품 구성

그림자

카인과 도둑

꿈과 무의식

그림 그리기

피스토리우스

아브락사스와 '위대한 어머니' 에바 부인

전쟁: 죽음과 새로운 시작

‘에밀 싱클레어의 청년시절의 이야기(Die Geschichte von Emil Sinclairs Jugend)’라는 부제가 붙은 헤세의 《데미안(Demian, 1919)》은 발표되었던 당시 이미 많은 독자층을 형성하였고, 한국에서 헤세의 명성을 확고히 하는데 기여한 작품이다. 《데미안》은 많은 국내의 헤세 연구가들에 의해 자기구현의 과정[1], 혹은 자아를 찾는 과정[2]이 담긴 ‘성장소설 혹은 발전 소설(Entwicklungs roman)’의 일환으로 분석되었다. 헤세는 《데미안》의 서문에서 다음과 같이 밝히고 있다.

> 내 속에서 솟아 나오려는 것, 바로 그것을 나는 살아보려고 했다. 왜 그것이 그렇게 어려웠을까?
>
> —— 제3권 235쪽

헤세의 이 말은 그가 자신의 내면세계의 의미를 추구하면서 자기구현을 위해 얼마나 노력하고 있는가를 알 수 있다. 또한 《데미안》이 바로 그러한 그의 끝없는 노력의 일환임을 말한다.

헤세가 자신의 내면의 갈등을 위해 스위스의 심리학자이자, 정신분석자 융(Carl Gustav Jung)에게서 심리 치료를 받으면서 융의 심층심리학으로부터 영향을 받았으며, 그 산물을 《데미안》 속에 구현한 것은 주지할 사실이다.[3] 헤세의 일기에서도 이에 대한 언급을 찾을 수 있다. 그는 1917년 9월 7일 융을 처음으로 만나고 난 뒤, 9월 8일자 일기에 융에 대한 인상과 그와 그노시스파와 중국, 그리고 자신이 받았던 심리 치료에 대한 대화를 나누었음을 언급하고 있다. 그 후 9월 9일의 일기에서 그는 소년 시절의 친구들로 인해 두려움을 느끼는 꿈, 그리고 자신이 수업 시간에 선생이 되면서 혼란스러움을 느꼈던 꿈을 말하고 있다. 그리고 9월 11일과 12일 일기에서 헤세는 자신의 돈을 빼앗아 가는 어둠의 인물이 데미안이고, 데미안이 상처로 고통 받는 모습을 보는 그러한 불안한 꿈을 꾸었음을 설명하면서, 계속해서 데미안이라는 인물에 대한 착상들을 적고 있다. 그는 데미안이 다미안(Damian)의 잘못된 표기이지만, 데몬(Dämon), 혹은 데미우르고스(창조주, Demiurge)를 연상시키고, 자아가 강하고 유능하고 독특한 생각을 가진 어린 시절 친구와 유사하다고 말하고 있다.[4] 이 일기의 기록들은 헤세가 《데미안》을 융의 분석심리학을 바탕으로 청소년 시절의 경험들로 인해 상처받아 우울했던 시절, 자신의 심적 상태가 힐링되는 과정들을 작품화하였음을 확인시켜 준다.

융은 진정한 자아를 찾아가는 과정을 '자기구현'이라는 개념 외에, 인성발달과정, 즉 '개성화과정(Individuationsprozess)'[5]으로 설명하고 있다. 융은 '개성화과정'이라는 개념을 통합적으로 파악하는데, 즉 인간의 무의식과 의식을 통합하고, 개개로 나누어 질 수 없는 개인이 개별적인 단일체 혹은 전체가 되어 가는 과정이라고 설명한다.[6] 또한 융은 자신의 심리학 이론에서 인간의 집단 무의식에 등장하는 원형(Archetypus)의 '이미지'란 개념을 도입하여, 인간의 보편적인 경험을 '그림자', '아니마(Anima)' 등과 같은 내적인 형상으로 시각화하여 인간의 심리를 분석하고 환자를 힐링하는 근거로 삼고 있다.

소설 《데미안》이 주인공 싱클레어(Sinclair)가 청년 시절의 대립과 갈등을 극복하고 기독교적 이원론적인 세계관을 벗어나 전일성[7]을 터득하는 과정이 묘사되어 있는 작품이라면, 《데미안》에는 융의 '개성화과정'에서의 통합의 개념이 바탕이 되어 있다고 할 수 있다. 또한 융 심리학에서 가장 주요한 핵심이 꿈속에 나타나는 상징을 통하여 인간의 내면을 읽어내는 것이라면, 헤세는 이를 바탕으로 하여 꿈속에서 나타나는 형상의 상징 의미를 찾아가며 인간의 내면을 분석하고 있다.

작품 구성

헤세의 《데미안》은 〈두 세계(Zwei Welten)〉, 〈카인(Kain)〉, 〈예수 옆에 매달린 도둑(Der Schächer)〉, 〈베아트리체(Beatrice)〉, 〈새는 알에서 나오려고 투쟁한다(Der Vogel kämpft sich aus dem Ei)〉, 〈야곱의 싸움(Jakobs Kampf)〉, 〈에바 부인(Frau Eva)〉, 〈종말의 시작(Anfang von Ende)〉의 모두 8개의 장으로 구성되어 있다. 싱클레어의 내면의 성장 과정이 라틴어 학교의 학생 때인 10세부터 대학에 들어간 후 전쟁에 참여하기까지 만나는 다양한 사람들과의 사건들을 통해 묘사된다.

그림자

융은 자신의 저서 《원형과 무의식(Archetyp und Unbewußtes)》[8] 속에 '그림자'라는 개념을 설명하고 있다. 그는 '그림자'를 사람들이 감추고 싶어 하는 유쾌하지 못한 모든 갈등, 인간 본성의 열등하고 무가치하며 유치한 측면들, 인간의 내부에 있는 '다른 어떤 인격', 사람의 어두운 면[9]이라고 표현하고 있다. 융은 갈등을 겪게 되는 개인은 자신의 그림자를 먼저 만나고 자신의 인격의 이면을 마주하게 된다고 보고 있다.

《데미안》의 제1장 〈두 세계〉에는 10세 된 싱클레어가 프란츠 크로머(Franz Kromer)란 인물로 인해, 서로 "다른 세계"(제3권 243쪽)를 인식하게 되는 과정이 그려져 있다. 하나의 세계는 "맑고 깨끗한" "아버지와 어머니의 세계"이며 "의무와 책임, 양심의 가책과 고해, 용서와 선한 원칙들, 사랑과 존경, 성경 말씀과 지혜가 있는"(제3권 237쪽)세계이다. 다른 세계는 "음침하며 폭력적"이다. 여기에서 '그림자'는 크로머로 의인화된 원형으로서 등장한다. 크로머는 "커다랗고, 억센 사내아이(제3권 240쪽)"고, "그 아이의 아버지는 술꾼이었으며 온 가족이 악명이 나 있었던"(제3권 240쪽) 아이로, 싱클레어가 이제까지 속했던 세계와는 다른 세계에 속해 있는 인물이었다. 싱클레어가 크로머의 마음에 들기 위해 그에게 자신이 사과를 훔쳤다고 거짓말을 하자, 그는 싱클레어에게 돈을 가져오지 않으면 그의 도둑질을 과수원 주인에게 알리겠다고 위협한다. 그러자 싱클레어는 돈을 주지 않는 자신을 괴롭히는 크로머를 악마, 사탄으로 여기게 된다. 그와 얽히게 된 사건 이후 이제까지 싱클레어에게 속하던 안락하고 평화로우며 밝은 세계는 무너져 버리고, 그는 혼란과 고통만을 느끼게 된다. 크로머로부터 협박을 받던 어느 날 싱클레어는 "어둠 속 계단 맨 아래 칸에 앉았다."(제3권 245쪽) 그리고 더욱 깊은 나락에 떨어질 것을 두려워한다. 그때 크로머와 마찬가지로 싱클레어와는 다른 세계에 속하는 하녀 리나(Lina)가 그가 아래에 있는 것을 발견한다. 그녀와 만난 후, 그는 다시 계단을 올라와 "아버지의 모자"와 "어머니의 양산"을 보고는 다시금 자신의 본래의 세계인 "고향"에 대한 "애정"을 느끼고 안도감을 표현하기도 한다.

그 후에도 싱클레어는 크로머에게 계속 괴롭힘을 당하면서 불안과 두려움 속에 생활한다. 싱클레어는 악몽에 시달리기도 하면서, "내 꿈속에서 그 아이는 나의 그림자처럼 살고 있다."(제3권 258쪽)고 말하며, 다시 '그림자'란 융의 용어를 사용한다. 크로머는 싱클레어에게 단순히 자신과는 다른 세계에 속하는 어두운 세계를 상징할 뿐만이 아니라, 자신의 내면에 존재하는 어두운 내면의 세계인 그림자인 것이다. 데미안에 의해 악의 세계에서 구원된 후, 싱클레어는 크로머와의 경험을 다음과 같이 말한다. "한 때 프란츠 크로머였던 것이 이제는 내 자신 속에 박혀 있었다."(제3권 271쪽) 싱클레어는 크로머와의 사건 이후 자신의 내면에 자리 잡고 있는 그림자를 아버지와의 관계에서 재확인한다. 싱클레어는 크로머로 인해 고통을 겪으면서, 자신의 상황을 모르는 아버지를 경멸하는 마음을 가지게 되고 그로인해 자신이 아버지보다 우월하다고 느낀다. 그리고 이와 더불어 싱클레어는 부모님과 이제까지 친근했던 대상들로부터 분리되어 다음 단계로 성장하게 된다. 싱클레어는 이런 상태에 있는 자신의 상황을 다음과 같이 표현하고 있다.

> 벽시계와 테이블, 성경과 거울, 벽에 붙은 책 선반과 그림들이, 나에게서 모두 이별을 고하고 있었다.
>
> —— 제3권 247쪽

싱클레어는 결국 데미안의 도움으로 크로머로 구체화되는 '어두운 세계'에서 구원되지만, 동시에 데미안으로부터 성격에 나오는 '카인'과 '도둑'에 대해 자신이 이제까지 접할 수 없었던 기독교의 이원론적인 대립을 극복하는 '양극적 전일 사상'을 접하게 된다. 싱클레어에게 데미안은 크로머와는 다르지만, 또 다른 어두운 세계로 인도하는 '유혹자'로 여겨진다.

카인과 도둑

기독교에서는 신과 악마, 혹은 선과 악이라는 두 개의 대립된 개념을 만들어 놓고 있다. 성경에서도 기독교적 신앙의 개념 아래 서로 결합할 수 없는 이원성을 확립시키고 있다. 융은 자신의 심리학에서 탄생시켜 잡아먹고, 남자이자 여자인 '위대한 어머니'의 개념을 통해 대립의 극복을 가능하게 하고 있다. 헤세도 《데미안》에서 양립할 수 없는 대립의 문제를 '카인'과 '도둑'의 장을 통해 구체화 한다. 즉 헤세는 성경의 '카인'과 '도둑'에 대한 새로운 해석을 통해 선과 악에 대한 새로운 이해를 촉구한다. 싱클레어는 데미안을 통해 기존의 기독교적 이원론에서 진일보하여 '양극적 전일사상', 혹은 '양극성 너머의 전일 사상 및 일원론적 신비주의 종교 사상'[10]을 체험하면서, 자아의 개성화과정으로 나아가고 있다.

기독교에서는 그리스도를 포괄적 전일성으로 보면서도, 실질적으로는 신과 악마의 개념을 만들고 선과 악을 대립시킨다. 헤세는 제2장 '카인'에서 데미안을 통해 악의 대명사 카인에 대한 새로운 해석을 내리면서, '양극적 전일사상'을 전개시킨다. 데미안은 불안에 떠는 싱클레어를 크로머에게서 구해 주지만, 크로머와는 다른 의미에서 "악하고 나쁜 세계"로 이끄는 "또 하나의 유혹자"(제3권 268쪽)이다. 데미안은 성경에서 아벨을 죽인 카인이 단순히 동생을 살인하는 악인의 대명사가 아니라고 싱클레어에게 말한다. 데미안은 카인을 "용기와 개성이 있는 인물"(제3권 255쪽)로 평한 것이다. 싱클레어에게 카인은 크로머처럼 "무시무시한" 존재이며 악인이지만, 데미안은 그를 "강한 사람"(제3권 256쪽) 그리고 "정신력과 담력이 있"으며, "용기와 특성이 있는" "이마에 표적이 있는"(제3권 255쪽) 사람으로 파악한다. 또한 데미안은 카인이 어떻게 용감하고 남다른 인간이 되었는가를 말하며, 이제까지의 기독교적 종교관에 의문을 제시한다. 데미안은 싱클레어에게 종교나 성경에 의존하지 않는 독자적인 생각을 가지도록 한다. 그리고 데미안의 이야기를 들은 싱클레어는 "카인이 되었고 그이 표적을 가졌던 나 자신은 수치가 아니라 그것이 남보다 월등하다는 표시이고, 나는 사악함과 불행을 통하여 나의 아버지보다 더 위대하고, 선하고 경건한 사람들보다도 위대하다고 생각"(제3권 257쪽)하게 된다. 즉 데미안의 카인 해석을 통해 '선한' 세계를 잃지 않을까 두려움에 사로잡혀 있던 싱클레어는 "다른 세계"를 경험하여 성숙의 과정을 겪게 됨을 인식한다. 〈카인(Kain)〉의 편 마지막 부분에 싱클레어는 자아의 개성화과정의 어려움에 대해 다음과 같이 말한다.

> 아, 지금 나는 알고 있다. 자기 자신에게로 인도하는 길을 가는 것보다 인간에게 더 장애가 많은 일은 이 세상에 아무 것도 없다는 것을
>
> —— 제3권 269쪽

데미안을 통해 이제까지와는 다른 새로운 세계를 경험한 싱클레어는 '이마에 표식을 지닌' 자신만의 삶을 찾아야 하는 어려움을 깨닫게 된다.

제3장 〈예수 옆에 매달린 도둑〉은 화자인 성장한 싱클레어가 자아 개성화과정에 대한 어려움을 토로하면서, 예전 데미안과의 경험을 성찰하는 대목으로 시작한다. 싱클레어는 어린 시절 크로머와의 어두운 세계의 체험이 과거에 속해 있는 것으로 여기려 하였지만, 실상 데미안과의 내적인 결합으로 인해 더욱더 어두운 세계에 끌리고 있음을 인식하게 된다. 싱클레어는 견진성사 수업 시간에 데미안과 영혼의 강한 결합을 체험하고, 그로부터 독특한 종교관을 다시 듣게 된다. 데미안은 싱클레어로 하여금 "성서, 설화들과 교리들을 보다 자유롭게, 보다 개인적으로, 보다 유희적으로, 보다 환상적으로 바라보고 풀이해 내는데 익숙하게 해주었다."(제3권 279쪽 이하) 데미안은 2장의 〈카인〉의 경우처럼, 성경에 나오는 '두 도둑'에 대해 이제까지와는 다른 새로운 해석을 말한다. 데미안은 싱클레어를 선과 악으로 구성된 세계에서 성스러움을 인정하는 종교를 독특한 관점으로 보게 하도록 노력한다.

> 하지만 우리는 모든 것을 존경하고 성스럽게 간직해야 한다고 생각해. 인위적으로 분리시킨 이 공식적인 절반뿐만 아니라 세계 전체를 말이야! 그러니까 우리는 신에 대한 예배와 더불어 악마에 대한 예배

> 를 해야 해. 그게 올바른 일인 것 같아. 악마도 그 안에 포함하고, 지극히 자연스러운 세상일들이 일어날 때 그 앞에서는 눈을 감지 않아도 되는 신을 위해서 말이야. —— 제3권 281쪽

싱클레어는 데미안의 남다르고 새로운 관점으로 인해 그에게서 크로머에서와 마찬가지로 두려움을 느끼게 되면서, 데미안에게서 벗어나고픈 마음을 갖게 된다. 이런 생각을 하게 된 싱클레어는 자신에게 새로운 세계관을 피력하던 데미안이 어느 순간 죽은 사람처럼 보이는 것을 인식하게 된다. "그의 얼굴은 핏기가 없었고, 돌과 같았다."(제3권 285쪽) 헤세는 이런 장면을 통하여 싱클레어의 삶의 한순간에 조력자인 데미안이 더 이상 의미나 영향력을 발휘할 수 없음을 암시한다. 그리고 데미안은 "여행을 떠났다."(제3권 2869쪽) 이 순간부터 싱클레어에게 데미안의 존재는 더 이상 영향을 주기기 어렵게 되고, 싱클레어는 이제부터는 자신의 생각을 혼자 정리하면서 삶의 의미를 파악해야만 한다.

꿈과 무의식

융은 꿈과 무의식에 나타나는 원형들의 작용을 '동시성 현상(Synchronismus)'으로 설명하고 있다. 융은 '동시성'이란 용어를 통하여 꿈과 무의식의 현상들이 시간과 공간을 초월하여 교감이 가능한 것으로

보고 있다. 또한 인간의 저변에 깔려있는 원형이 내적 및 외적으로 동시에 나타나는 것을 의미하는 것이며, 동시성 현상으로 현실의 사건이 꿈으로 예시되기도 하는 경우가 있다고 한다.[11] 헤세도 융처럼 싱클레어의 사춘기 시절의 "꿈, 충동, 은밀한 소망" 등을 "원시적 충동", 혹은 의식과 함께하는 "동시성(Daneben)"(제3권 270쪽)으로 표현하고 있다.[12]

제1장 〈두 세계〉에서 싱클레어는 크로머와의 일을 체험하면서 부모님께 자신의 상황을 털어놓고 충고와 도움을 청하고 싶어 하면서도, 이제는 자기 스스로 문제를 풀어야만 하는 시기가 되었음을 인식한다. 제2장 〈카인〉편에서 "본래 꿈을 많이 꾸는 편"(제3권 258쪽)인 싱클레어는 크로머와 갈등하는 동안 꿈속에서 자신의 무의식과 마주하며 자신의 어두운 감정들을 표출시킨다. 이제 싱클레어는 어린 시절에 "이별을 고하고"(제3권 247쪽) 독자적으로 자신의 길을 가야하고, 자신의 문제에 대해 올바른 결정을 스스로 내려야 하는 시기를 마주하게 된다. 삶의 또 다른 단계를 넘어서야 하는 그에게 삶이란 대단히 고통스럽기만 하다. 이런 상태에서 싱클레어는 다음과 같은 꿈을 꾼다.

> 꿈에 보이는 것은 우리가 부모님과 누이들과 내가 한배를 타고 가는데 온통 휴일의 평화와 광채가 우리를 에워싸는 것이었다. 한밤중에 깨었는데, 그때까지도 그 행복의 뒷맛이 느껴졌고, 누이들의 흰 여름

> 옷이 햇빛 속에서 빛나는 모습이 보이는 것이었다. 그러고는 모든 낙원으로부터 다시 현실 속으로 떨어져 들어갔고, 다시 나는 사악한 눈을 가진 적과 마주 서 있었다. —— 제3권 248쪽

그는 가족들과 함께 평화로이 보트를 타는 꿈을 꾸는데, 이 꿈은 근심 없는 어린 시절로 되돌아가고 싶은 소원을 의미한다.

제4장 〈베아트리체〉에서 싱클레어는 데미안과 헤어져 성(St.)이라는 도시의 김나지움을 다니면서 겪는 경험들을 묘사한다. 싱클레어는 김나지움 시절 절망과 고통 속에 고독을 느끼며, 완벽히 어두운 세계에 빠져들면서 인생의 고비를 맞게 된다. 싱클레어는 이 시기의 어두운 세계를 '악몽'으로 여기면서, 자신의 무의식을 형상화하여 다음과 같이 표현하고 있다.

> 신이 우리를 외롭게 만들어 우리들 자신에게로 인도할 수 있는 길은 많이 있다. 그런 길을 그때 신이 나와 함께 갔던 것이다. 그것은 마치 악몽과도 같았다. 더러움과 끈적거림 너머로, 깨진 맥주잔들과 독설로 지새운 밤 너머로 내 모습이 보였다. 내가, 주문에 걸린 몽상가가, 추하고 더러운 길을 쉬지 않고 고통당하며 기어가는 모습이. 공주님을 찾아가는 길인데, 오물 웅덩이에 악취와 쓰레기 가득한 뒷골목에 박혀 있는 그런 꿈들이었다.
>
> —— 제3권 293쪽

꿈속의 더럽고 혼란스러운 경험들은 싱클레어의 고통스럽고 복잡한 내면세계를 암시한다. 그러나 싱클레어는 심연에로의 하강과 고독을 통해 다음의 새로운 단계인 상승의 단계로 나아갈 수 있음을 믿게 되며 자아 확립의 단계에 도달한다. 그리고 곧 싱클레어가 만나게 되는 베아트리체(Beatrice)는 시성(詩聖) 단테(Dante Alighieri, 1265~1321)의 숭고한 사랑의 이상형의 여인이자 완벽한 순수함으로 표현되며, 성모 마리아의 모습을 지니고 싱클레어에게 어두운 세계를 극복할 힘을 제공한다.

그림 그리기

제4장 〈베아트리체〉에서 헤세는 싱클레어가 그림 그리는 작업을 통하여 자신의 자아를 찾는 과정을 묘사하고 있다. 융도 '개성화과정의 연구' 편에서 환자의 '그림 그리기'를 심리 치료에 이용한 사례들을 나열하고 있다. 싱클레어도 이와 마찬가지로 그림 그리기를 통하여 내면의 갈등과 고통을 극복하고 내적 성숙을 꾀하고 있다.

싱클레어는 16세가 되었다. 그는 또래의 아이들과는 거리를 두고 "삶의 빈곤"(제3권 287쪽) 상태에 빠져 있으며, 친한 친구도 없이 고독의 세계 속에서 꿈을 꾸며 데미안을 그리워하고 있다. 그는 이 시기에 알폰스 벡(Alfons Beck)을 통해 다시금 어두운 세계를 체험한다.

싱클레어는 벡을 통해서 여자들과의 경험을 알게 되면서, 외적으로는 대단히 방탕한 불량소년이 된다. 그러나 그의 내면은 순수한 어린아이 상태로 남아 있다.

어느 날 싱클레어는 공원에서 베아트리체를 만난다. "그녀는 키가 크고 날씬했으며 멋진 옷차림이었고 영리한 소녀의 얼굴이었다. 그녀는 내 마음에 들었으며, 나의 상상력을 바쁘게 했다."(제3권 295쪽) 그는 그녀를 숭배하면서 스스로 내적 변화를 일으키며, 소녀의 얼굴을 그리고자 하는 충동을 느끼게 된다.

> 대부분 자아의 원형은 꿈속에서 혹은 그려진 그림에서 체험하게 되고 전체성과 대립의 합일의 추상적 상징으로 나타난다.[13]

헤세는 싱클레어가 그림을 그리는 작업에서 '의식과 무의식' 개념을 결부시킨다. 싱클레어는 의식적으로 붓과 그림을 조절하려는 것을 포기하고 무의식적으로 그리다 보니, "꿈꾸던 얼굴(제3권 297쪽)"이 완성되었다. 이 그림을 헤세는 "영국 라파엘 전파"(제3권 295쪽)의 화가 단테 가브리엘 로세티(Dante Gabriel Rossetti, 1828~1882)가 그린 《성모 마리아의 소녀 시절(The Girlhood of Mary Virgin)》을 참고 한 것으로 추정된다.[14]

싱클레어는 이 그림을 신의 형상으로 느끼게 된다. "그것은 내게 일종의 신상, 혹은 성인의 가면처럼 보였다. 절반은 남자고 절반은 여자, 나이를 알 수 없고 의지가 굳세면서도 몽상적이며, 굳어있으면서도 남모르게 생명력이 있어 보였다.(제3권 298쪽)" 베아트리체는 싱클레어의 '아니마(Anima)'가 투영된 순수한 인물이다. 싱클레어가 무의식에 따라 탐미적인 창조적인 행위를 하자, 자신의 내면이 외부로 표출되어 자아의 원형이 나타나게 된 것이다.

> 그런데 차츰차츰 이것은 베아트리체도 데미안도 아니며 나 자신이라는 느낌이 왔다. 그 그림은 나를 닮지 않았으며 그럴 리도 없다고 나는 느꼈다. 그러나 그것은 나의 삶을 결정한 것이었다. 그것은 나의 내면, 나의 운명, 혹은 수호신이었다. 만약 내가 언젠가 다시 한 친구를 찾아낸다면, 내 친구의 모습이 저러하리라. 언제 하나를 얻게 된다면 나의 애인의 모습이 저러하리라. 나의 삶이 저럴 것이며 나의 죽음이 저럴 것이다. 이것은 내 운명의 울림이자 리듬이었다.
>
> —— 제3권 299쪽

싱클레어가 그린 그림의 모습은 인간에 내재하는 신성의 모상이고, 남자이면서도 여자이고 삶과 죽음을 동시에 뜻하는 '위대한 어머니'[15]의 원형과 상응한다. 싱클레어는 자신이 그린 베아트리체의 그림에서, 데미안과 자신의 외적인 유사성을 발견한다. "후에 나는 이 그림을 내 기억 속에서 찾아낸 데미안의 진짜 표정과 자주 비교했다. [...] 하지만 그래도 데미안이었다. [...] 그런데 차츰차츰 이것은 베아트리체도 데미안도 아니며 나 자신이라는 느낌이 왔다. [...]"(제

3권 299쪽) 싱클레어는 후에 에바 부인의 사진을 보고도 자신, 데미안 그리고 에바 부인을 동일시하기도 한다. 에바 부인은 나이도 알 수 없고 자웅(雌雄) 동체의 모습으로 자아의 원형을 의미한다.

제6장 〈야콥의 싸움〉 편에서 싱클레어는 크나우어(Knauer) 에피소드를 통하여 자아실현의 보다 높은 단계에 도달한다. 성경에서 천사와 야콥의 싸움이라는 것은 자신의 현실을 이겨내는 것을 의미한다. 싱클레어는 성욕으로 인한 죄의식 때문에 고통스러워하는 크나우어를 만나고 난 뒤, 다시 자신의 다양한 모습을 보여주는 그림을 그린다.

> 그것은 여자였다. 남자였다. 소녀였다. 작은 아이였다. 동물이었다. 얼룩으로 흐렸다가 다시 크고 뚜렷해졌다. 끝에 가서 나는 마음속에서 들리는 뚜렷한 부름을 따르며 눈을 감았고, 이제 그 그림을 내 마음 안에서 보았다. 더욱 강하고 더욱 힘있게 나는 그림 앞에서 무릎을 꿇으려했다. 그러나 그림이 어찌나 나의 안으로 들어와 버렸는지 그것을 더 이상 나 자신과 갈라놓을 수 없었다. 마치 그림이 온통 나 자신이 되어 버린 듯이. ―― 제3권 327쪽

이 그림 속에서 싱클레어는 다양한 인간 그리고 동물을 보다가 결국에는 자신의 자아를 확인한다. 그는 자아를 직시하는 능력을 갖추면서, 다른 이들의 도움이 필요 없게 되는 단계에 도달한다. 싱클레어는 크라우어 에피소드를 통해 죄악의 세계에서 존엄성을 느낄 수 있는 성숙의 단계로 도달한다.

피스토리우스

제5장 〈새는 알에서 나오려고 투쟁한다〉는 18세가 되어 대학생이 된 싱클레어가 자신의 집에 걸려있는 문장(紋章)의 새의 의미를 알게 되는 과정에서, 신학자이자 오르간 연주자인 피스토리우스(Pistorius)와 함께 하며 성숙하는 과정이 중심을 이룬다. 융은 미국의 시인 롱펠로우(Henry Wadsworth Longfellow, 1807~1882)의 시(詩) 히아와타(Hiawatha)에 대한 자신의 논문에서 인간이 변하는 것이 아니라, 신이 인간의 내면에서 그리고 인간을 통해 변하는 것이라고 말하고 있다.[16] 융이 말하는 것처럼 "우리의 신들을 만들어내는"(제3권 321쪽) 신학자이면서 아브락사스(Abraxas)를 마음에 품고 자신의 길을 가는 피스토리우스를 알게 되면서, 싱클레어는 남과 함께 할 수 없는 자신만의 길을 가야함을 느낀다. 피스토리우스도 아웃사이더이고 잃어버린 아들이며, 카인의 징표를 가진 사람이다.[17] "나의 아버지는 빌어먹게 존경할만한 분이지. 유명한 신부님이고 설교자이시지 [...] 나는 그분의 촉망받는 아들이지. 그러나 궤도에서 벗어나 약간은 돌아버린 아들이지. 나는 신학도였는데 국가고사 시험 직전에 그 고루한 대학을 그만두어버렸어. 그러나 나의 개인적인 연구를 말하자면, 나는 아직도 신학도지. 사람들이 어떤 신들을 생각해내었는지, 그것이 나에게 가장 중요한 관심사였어."(제3권 314쪽) 싱클레어는 피스토리우스와 만

나고 난 뒤, 그와의 만남이 무엇인가를 갈망하며 찾는 자신에게 일종의 필연으로 생각하며 다음과 같이 말한다.

> 무엇인가 절실하게 필요로 하는 사람이 자신에게 정말로 필요한 것을 찾아내면, 그것은 그에게 주어진 우연이 아니라 그 자신이, 그 자신의 욕구와 필요가 그를 그곳으로 인도한 것이다.
>
> —— 제3권 310쪽

피스토리우스와의 만남에서 싱클레어는 상징을 통해 인간의 인식 능력의 의미를 깨닫게 된다. 융은 프로이트가 상징을 통해 억압된 성욕을 설명하고자 하는 것을 거부하고, 그 이상을 말하고자 한다. 융은 상징이 개인적인 불안감이나 '장애', 목표를 추구하는 데 있어서 방해 활동 등에서 시작해서, 해명 혹은 '꿰뚫어보기' 등의 의미까지를 포함한다고 설명하고 있다. 또한 상징을 '영혼' 안에서 동요하는 강력하게 살아 있는 무엇인가를 표현하기 위해 비유적이고 매혹적인 그림 혹은 이미지로 표현한다고 보고 있다.[18] 융이 말하는 내면의 심리 상태가 비유적으로 나타나는 상징은 《데미안》에서는 불로 나타난다. 싱클레어는 피스토리우스의 집 벽난로 앞에서 하룻밤을 보내게 된다. 싱클레어는 불꽃을 바라보며 어린 시절 가졌던 열정을 다시 얻게 된다. 그는 불을 보고 다음과 같이 생각한다.

> 그런 모습을 관찰하는 것, 비이성적이고 얽히고설킨, 기이한 자연의 형태들에 몰두하는 것은 우리들 내면에서, 이 영상을 이루어지게 한 우리 내면의 의지와의 일치감을 낳는다 _ 우리는 곧 그 일치감을 우리들 자신의 기분으로, 우리들 자신의 창조로 여기려는 유혹을 느낀다. [...] 바깥 세계가 몰락한다 하여도 우리들 중 하나는 그 세계를 다시 세울 능력이 있다. —— 제3권 316쪽

싱클레어는 불이라는 자연의 형상 속에서 인간의 내면의지인 창조 정신을 깨닫는다. 피스토리우스는 인간의 가능성과 그에 대한 인식의 문제를 싱클레어에게 피력한다.

> 세계를 그냥 자기 속에 지니고 있느냐 아니면 그것을 아느냐, 이게 큰 차이지. [...] 그들은 세계가 자기 안에 있다는 사실을 몰라. 한 그루 나무거나 돌인 거지, 기껏해야 동물이고. 그 사실을 모르는 한에서는 말이야. 그러나 이런 인식의 첫 불꽃이 희미하게 밝혀질 때, 그때 그는 인간이 되지. —— 제3권 317쪽

헤세와 마찬가지로 피스토리우스도 사제의 아들로 아버지와 갈등을 겪는 인물이다. 피스토리우스와 싱클레어의 관계는 아버지의 영역이고, 아버지의 영역은 기독교에서 우주를 창조한 신의 영역, 즉 이성적이고 형상화시키는 창조의 영역을 상징하는 것이다. 싱클레어는 피스토리우스를 통해 인간이 자신의 내면에 지니고 있는 무

한한 창조의 능력을 깨닫게 된다.

아브락사스와 '위대한 어머니' 에바 부인

제2장 〈카인〉에서 데미안은 싱클레어 집 현관문의 아치에 그려져 있는 새를 언급하였다. 그 당시 데미안은 그 새의 상징에 대해 알고 있는 듯하지만, 싱클레어에게 그 의미를 말하지 않았다. 제3장 〈예수 옆에 매달린 도둑〉에서 싱클레어가 데미안에게서 마음이 떠나게 된 뒤, 제4장 〈베아트리체〉의 마지막 부분에서 싱클레어가 데미안을 잠시 만난 뒤, 자신의 집 현관문에 그려져 있는 새의 의미를 찾아가는 과정이 묘사되어 있다. 싱클레어는 데미안을 만나고 난 뒤 데미안과의 예전 추억을 상기하고, 그에 대한 꿈을 꾸었다. 꿈속에 데미안은 싱클레어에게 문장(紋章)의 새를 먹이고 있었다. 싱클레어의 몸속에 그가 삼킨 새는 오히려 그를 쪼아 먹으려 하였다. 그는 죽을 듯한 두려움 속에서 깨어나, 자신이 그린 데미안의 초상화를 본다. 그리고 그 그림이 달라져 있는 것을 보고 문장의 새를 그리기 시작한다. 싱클레어는 지구라는 거대한 알을 깨고 부화해 나와, 푸른 하늘을 향해 날아가려는 황금빛 머리의 새매(sparrow hawk) 그림을 그려 데미안에게 보낸다. 그리고 제5장 〈새는 알에서 나오려고 투쟁한다〉는 어느 날 싱클레어가 데미안으로부터 답장을 받는다는 문장으

로 시작된다. 싱클레어는 자신의 책갈피 속에 꽂혀진 데미안의 답장을 발견하고, 처음으로 아브락사스라는 신의 이름을 알게 된다.

> 새는 알에서 나오려고 투쟁한다. 알은 세계이다. 태어나려는 자는 하나의 세계를 깨뜨려야 한다. 새는 신에게로 날아간다. 신의 이름은 아브락사스.
> —— 제3권 305쪽

여기에 나오는 싱클레어의 문장의 새는 헤세 아버지의 묘비명에서도 그 근원을 찾을 수 있다. 헤세의 아버지는 1916년 3월 사망하였는데, 그의 묘비명은 시편 124에 나오는 "끈이 끊어지므로 새는 벗어났도다."[19]이다. 구속을 깨고자 하는 헤세 아버지의 묘비명은 소설 속에 알을 깨고 태어나 아브락사스란 신에게 날아가고자 하는 새의 의미와 일맥상통한다. 2세기경의 보석에서 볼 수 있는 아브락사스는 머리는 닭의 모양을 하고 있으며, 왼손에는 방패, 오른손에는 채찍을 들고 있고, 다리는 뱀의 형상을 하고 있다. 닭은 떠오르는 태양, 뱀은 대지를 상징한다. 그래서 아브락사스는 그리스 신화의 하늘의 신 우라노스와 악마, 그리고 빛과 어둠의 대립을 결합시킬 수 있는 '태양의 신'을 의미한다.[20] 또한 고대 이집트에서도 태양의 신인 호루스의 얼굴을 새매로 표현한다. 호루스는 죽음과 부활을 뜻하는 불사조의 상징이다. 불사조는 영원한 삶이 허용되는 새로서, 죽음이 가까워지면 향기 나는 나뭇가지로 둥우리를 틀고 거기에 불을 붙여

아브락사스

아브락사스는 그리스 신화의
하늘의 신 우라노스와 악마,
그리고 빛과 어둠의 대립을
결합시킬 수 있는 '태양의 신'을
의미한다.

몸을 태워 죽는다. 그 재에서 뱀이 나타나 또 하나의 알을 낳으면 다시 새로운 불사조가 탄생되는 것이다. 헤세는 고대 그노시스 철학에 몰두한 융과 그의 제자 랑(Josef Bernhard Lang, 1863~1945)을 통해 아브락사스를 알게 되었다. 융은 아브락사스에 대한 연구가 담겨 있는 《죽은 자에 대한 일곱 개의 설교(Septem sermones ad Mortuos)》를 헤세에게 보낸다.[21] 문장의 새는 영혼을 뜻하며, 고대 신화에서는 천사, 혹은 정령을 뜻한다. 천사는 충고하거나 지혜를 알려준다.

싱클레어는 폴렌(Follen) 선생님의 수업 시간에 아브락사스라는 신의 이름을 다시 듣게 된다. 폴렌 선생님은 싱클레어에게 아브락사스가 그노시스파의 신성이자 "신적인 것과 악마적인 것을 결합시키는 상징적 과제를 지닌 일종의 신"(제3권 306쪽) 임을 알려준다. 즉 여기에서는 독일의 신학자이자 철학자 니콜라우스 쿠사누스(Nicolaus Cusanus, 1401~1464)의 중심 사상인 '대립물의 일치(coincidentia oppositorium)'[22]를 말한다. 문장의 새에 대한 꿈과 "양극성의 전일성" 혹은 '대립물의 일치'를 뜻하는 아브락사스의 의미를 통해 싱클레어는 개성화의 단계를 지나 완성의 단계를 향해 갈 수 있게 된다.

아브락사스의 의미를 알려고 노력하는 가운데, 싱클레어의 꿈은 달라진다. 그는 신의 형상을 외부에서 본 후, 내면의 자신과 마주하게 되고, 결국 그에게 신의 모상(imago Dei)을 보게 된다. 그 형상은 싱클레어의 꿈에서 남성적이고 여성적이며, 창조와 파괴의 대립을 지닌 '위대한 어머니'의 형상으로 구체화된다.

> 나는 부모님 댁으로 돌아갔다. _ 현관문 위에는 문장의 새가 푸른 바탕 위에서 노란색으로 빛을 내고 있다. 집안에서는 어머니가 나를 향해서 오신다. 그러나 내가 들어서며 어머니를 포옹하려 했을 때, 그것은 어머니가 아니라 한 번도 본 적이 없는 인물이었다. 키가 크고 힘 있는 인물, 막스 데미안이나 내가 그린 그림과 비슷하면서도 또 달랐다. 그리고 힘이 있는데도 완전히 여성적이었다. 이 인물이 나를 자기에게로 끌어 당겨 전율을 일으키는 깊은 사랑의 포옹을 했다. 희열과 전율이 뒤섞였다. 그 포옹은 예배였고 또 그만큼 범죄였다. 나를 포옹한 인물 속에는 어머니에 대한 너무 많은 추억, 내 친구 데미안에 대한 너무 많은 추억이 유령처럼 서려 있었다. 그 인물의 포옹은 모든 경외심을 배척했으나, 그럼에도 축복의 희열이었다. 자주 나는 깊은 행복감을 느끼며, 죽음의 두려움과 고통스러운 양심의 가책을 느끼며, 무서운 죄악에서 벗어나듯 이 꿈에서 깨어났다.
>
> —— 제3권 307쪽 이하

싱클레어에게 어머니의 형상은 무의식과 결합되어, 구원과 파멸의 '위대한 어머니'를 상징한다. '위대한 어머니'는 아브락사스처럼 남성적이고 여성적이며, 악마적이고 또한 순수하며, 대립된 것을 결합하는 일종의 신성이다. 제7장 〈에바 부인〉의 처음 부분에 싱클레어는 데미안의 집에서 "내 운명의 모습을 그대로 지닌" 에바 부인의 사진을 보게 된다. 싱클레어는 에바 부인이 자신이 항상 꿈꾸어 오고 추구했던 "꿈의 영상"(제3권 337쪽)임을 알게 된다. 싱클레어는 에바 부인의 사진을 보며 마치 꿈속에 있는 것처럼 느낀다. 그는 데미안 집 현관문위에 예전에 자신이 그린 것과 같은 황금빛 새매의 그림이 걸려있음을 보게 된다.

> 키가 크고 거의 남자 같은 여성의 모습, 아들과 비슷한데 어머니다운 엄격한 표정, 깊은 열정의 표정을 지니고 있으며, 아름다우면서 유혹적이지만 접근할 수 없었다. 수호신이자 어머니, 운명이자 연인이었다. 그녀였다. —— 제3권 337쪽

싱클레어는 '위대한 어머니'의 모습을 '수호신'인 에바 부인에게서 발견한다. 그는 에바 부인을 처음 보고, 자신이 이제까지 추구했던 목표가 에바 부인에게 도달하는 것을 뜻하는 것임을 알게 되고 마치 집에 돌아온 것처럼 느낀다.(제3권 345쪽)

얼마 후 데미안의 집을 방문하여 싱클레어는 에바 부인과 대화를 하면서 그녀에게 자신의 비밀을 터놓기도 하고, 꿈속에서는 그녀에 대한 감각적 사랑을 발산하기도 한다. 싱클레어의 꿈속에서 그녀는 바다이고 싱클레어는 그 안으로 흘러들어가고 있었다. 그녀는 모든 대상을 자신의 내부에 구현하는 신성 아브락사스인 것이다. 싱클레어는 에바 부인을 통하여 의지와 감각의 양면성을 체험한다. 그녀

는 데미안과 마찬가지로 싱클레어에게 카인처럼 "표적을 가진 자"(제3권 348쪽)이고 그런 과제를 수행할 수 있는 인물이다. 다시 말해 그녀도 데미안과 마찬가지로 각성한 자이고, 싱클레어의 스승으로서 그로 하여금 내면의 길을 찾아 갈 수 있도록 인도해 준다. 싱클레어는 그녀와의 만남을 통해 자신의 과제를 인식하게 된다. 그는 다음과 같이 말한다.

> 우리의 과제는 세계 안에서 하나의 섬을 제시하는 것, 어쩌면 하나의 모범을, 아무튼 살아가는 다른 가능성을 알리는 것이다.
>
> —— 제3권 348쪽

> 나의 본질이 이끌려 지향해 가는 것이 그녀라는 인물이 아니고 그녀는 다만 내 자신의 내면의 한 상징이며 나를 다만 더 깊게 내 자신 속에 인도하려 한다는 것을 확실하게 느낀다고 생각했다.
>
> —— 제3권 353쪽

싱클레어는 에바 부인이 개별적 존재가 아닌 상징이고, 그녀에 대한 사랑이 영원히 창조하는 세계 질서의 충일감에 포함되고자 하는 열망임을 인식한다. 이런 과정을 통하여 한층 성숙된 싱클레어는 어느 날 구름 속에서 거대한 새의 형상을 다시 보고, 아브락사스를 현실에서 체험한다.

《데미안》은 헤세의 친구이자 전기 작가인 후고 발(Hugo Ball)이 표현했던 것처럼, "고통에 사로잡힌 상태" 혹은 "지옥 여행"[23]과 같이 헤세 인생에서 가장 어려웠던 시기의 경험들이 바탕이 된 작품이다. 헤세는 지옥과 같은 자신의 "개인적 위기"를 극복하기 위한 "일종의 자기 힐링"의 일환으로 《데미안》을 썼다. 융의 제자, 랑(J. B. Lang) 박사의 심리 치료를 받기도 한[24] 헤세는 융의 심리학을 자신의 작품을 전개시키는데 이용하였다. 그러나 헤세는 《데미안》을 단순한 개인적 위기를 치유하는 차원이 아닌 "초개인적"[25] 차원인 인간의 무의식의 원형으로 확장시키고 있다.

전쟁: 죽음과 새로운 시작

싱클레어는 에바 부인과 함께 즐거운 여름을 보냈다. 그리고 그해 여름이 끝나는 시점에 전쟁이 발발하였고, 데미안과 싱클레어는 군인이 되었다. 데미안과 싱클레어는 전쟁을 "운명"(제3권 361쪽)으로 파악하고 열광하고 있다.

> 물론 살아있는 사람에게 총을 쏘라고 명령하는 것은 나로서도 그리 달가운 일은 아니야. 하지만 그것은 부차적인 문제지. 우리들 모두는 커다란 수레바퀴 속에 휩쓸려 들어갈 거야.
>
> —— 제3권 360쪽

또한 싱클레어의 자아의 발견은 역설적으로 전쟁의 파괴의 도취 속에서 이루어지고 있다.

> 원천적인 감정은, 가장 과격한 것조차도 적을 향한 것은 아니었다. 그 피비린내 나는 소행은 새로운 탄생을 위하여 미쳐 날뛰고 죽이고 파괴하고 죽기를 원하는, 내부에서 분열된 영혼의 발산에 지나지 않았다.
>
> —— 제3권 363쪽

제5장 〈새는 알에서 나오려고 투쟁한다〉에서 "태어나려는 자는 한 세계를 파괴하지 않으면 안된다"(제3권 305쪽)라며 태어나기 위해 투쟁하는 새의 모습에서 볼 수 있는 탄생과 몰락의 결합은 《데미안》의 마지막 8장의 〈종말의 시작〉에서 전쟁터에서의 삶의 희망과 죽음의 예감이 결합되는 것으로 표현된다. 개인의 자유의 상징적 형상이 사회의 변화의 상징이 되면서 헤세는 잔혹한 전쟁에 대한 데미안과 싱클레어의 열정을 정당화시키고 있다.

어느 날 보초를 서던 싱클레어는 전쟁의 상황을 초현실적으로 묘사한다.

> 구름 속에서 커다란 도시 하나를 볼 수 있었다. 거기서 수백만의 사람이 쏟아져 나왔고, 그들은 떼를 지어 넓은 풍경 위로 퍼져갔다. 그들 한가운데서 힘찬 신의 모습 하나가 나왔다. 머리에는 빛을 뿜는 별을 달고, 산처럼 크고, 에바 부인의 표정을 가지고. 그 모습 속으로

인간의 대열들이 거대한 동굴 속으로 빨려들 듯 사라졌다. [...] 그녀의 이마에서 별들이 튀어나왔다.

—— 제3권 363쪽 이하

싱클레어는 전쟁터의 진격하는 군인들과 폭탄이 터지는 상황을 넓은 풍경 위 쏟아져 나오는 수백만의 사람과 에바 부인의 이마에서 튀어나오는 별로 인식한다. 별은 수천 개의 불꽃이 되어 나타나 그 중 하나가 싱클레어에게 향하였고, 그로인해 그는 상처를 입고 지하실에 누워 있게 되는데, 그의 옆에는 데미안이 함께 상처를 입은 채 누워 있다. 데미안은 싱클레어의 내면에 계속 살아있을 것이며, 싱클레어가 데미안을 필요로 하게 되면 "네 자신 안으로 귀를 기울여야 한다고"(제3권 365쪽) 말하며 죽는다. 데미안의 죽음으로 싱클레어는 '자신의 본연의 모습'(제3권 365쪽)을 찾는다. 이 작품에서 전쟁의 정치적 배경이나 파괴의 공포는 별로 중요해보이지 않는다. 평화주의자 헤세가 놀랍게도 전쟁터에서의 죽음을 이상화시키고, 파괴를 희생적 죽음으로 변용시키고 있다. 사실상 헤세는 전쟁의 격동을 통하여 정신적 도덕적 혁신을 얻을 수 있으며, 그 속에서 개개인을 위한 하나의 기회를 찾았던 것이다. 즉 《데미안》에 표현된 전쟁에 대한 열정은 그 시대의 많은 지식인과 함께 한, 몰락이 정해진 사회에 대한 불편한 마음에서 오히려 희망을 찾으려는 노력으로 볼 수 있다.[26]

헤세가 자신의 시 〈추방된 자(Der Ausgestossene, 1913.9)〉)에서 표

현하듯이, 《데미안》은 주인공 싱클레어가 여러 가지 "우회로와 오류"(제10권 205쪽)들을 통과하여 전체성[27] 혹은 "단일성"을 향하여 나아가는 것으로 구성되어 있다. 유년 시절, 싱클레어는 인간 스스로의 어두운 면이자 '그림자(악)의 상징'인 크로머와의 경험을 통하여 "인간 형성(Menschwerdung)"[28]의 첫 단계에 들어서게 된다. 《데미안》의 서언 부분에 다음과 같은 글이 있다.

> 한 사람 한 사람의 삶은 자기 자신에게로 이르는 길이다. [...] 그 어떤 사람도 완전히 자기 자신이 되어본 적이 없었다.
>
> —— 제3권 236쪽

전후 세대의 패배감과 절망감 그리고 개인사의 어려움 속에서 헤세는 니체(Friedrich Nietzsche, 1844~1900)의 인생지표이기도 한 "너는 본래의 너 자신이 되어라.(Du sollst der werden, der du bist.)" 즉, 자기 자신의 실현 내지는 발전 과정을 《데미안》의 주요 모티브[29]로 삼은 것이다. 헤세는 방황하면서 성장하는 싱클레어란 캐릭터를 통하여 자신의 내면을 힐링하면서 자신의 삶의 목표를 찾아가는 인물을 창조해 낸 것이다.

3부

고뇌로부터의 구원 ___ 싯다르타

3부 고뇌로부터의 구원 ___ 싯다르타

고대의 북부 인도어로 된 불교의 교리(Pali-Kanon)가 독일에서 쿠르트 슈미트(Kurt Schmidt)의 작업으로 부분적으로 번역되어 두 권의 저서로 출간되자, 헤르만 헤세는 〈독서광(Der Bücherwurm, 1921)〉이라는 글에서 불교의 가르침을 "고뇌로부터의 구원", 또는 "구원의 길"(제18권 216쪽 이하)로 설명하고 있다. 또한 헤세는 1921년 10월 〈새로운 전망(Die Neue Rundschau)〉에 〈부처의 설법(Die Reden Buddhas)〉이라는 제목으로 실린 그의 평론에서, 독일 교수들이 불교 교리들에 대한 많은 이들의 관심을 서구인들의 정신이 몰락한 현상으로 파악하여 불교를 일종의 마약과 같은 것으로 보면서 신경질적으로 두려워하고 있다고 지적한다. 그는 이 글에서 불교에 관심을 가지는 현상에 대한 독일 교수들의 부정적 평가에 반해 불교의 교리가 서구인들에게 "위로"(제18권 263쪽)가 될 것이며, 그리스 현자들의 가르침과 마찬가지로 깊은 "깨달음(Erwachen)"의 길로 인도할 것이라고 말하고 있다.

불교의 교리 외에도 다양한 동서양의 사상서들을 섭렵하면서, 1919년 12월 헤세는 부처의 생애를 연상케 하는 《싯다르타(Siddhartha, 1922)》의 집필을 시작했다.[1] 이인웅이 헤세의 종교적 성향은 어떤 종파에서 속하지 않고 모든 종교와 일치하지 않으면서도 또한 공통점을 지니는 헤세 자신만의 종교를 추구한다고 이미 지적한 것처럼,[2] 《싯다르타》 속에는 다양한 사상들이 주인공이 매순간 깨달음에 도달하는 과정에서 결정적인 역할을 한다.[3] 헤세는 자신의 여러 글속에서

《싯다르타》 속에 다양한 사상이 들어 있음을 설명하면서도, 한편으로는 여러 곳에서 스스로 모순된 언급을 하기도 하였다.(제2권 42쪽)[4] 1958년도 페르시아판 전집을 펴내면서 헤세는 독자에게 다음과 같이 말하며 《싯다르타》 속에 포함된 다양한 사상 체계에 대해 설명하고 있다.

> 이 작품은 기독교 사회에서 태어나 교육을 받은 한 남자가 일찍이 교회를 떠나 다른 종교들을 이해하였는바, 특히 인도와 중국의 신앙 형식을 위해 대단히 노력을 하였다는 것을 고백한 것입니다. 나는 모든 종파와 인간이 갖는 모든 신비주의적 형태들에서 공통된 것을, 모든 나라에서 다양성을 초월한 것, 그리고 모든 인종과 개개인이 믿을 수 있고 존경할 수 있는 것이 무엇인가를 구명하려고 노력하였습니다.
>
> —— 제12권 213쪽

《싯다르타》의 사상적 종교적 경향을 프릿츠 뵈티거(Fritz Böttiger)는 "인도적이지도 중국적이지도 않고, 후기 시민주의-생철학적이다."라고 평가한다. 헬무트 빈터(Helmut Winter)는 "작가의 모순된 절충주의"[5]로 부정적인 평가를 내리고 있다. 이 해석들은 바꾸어 생각하면 '깨달음'에 도달하려는 싯다르타의 여정 혹은 깨달음의 완성을 위해, 부처의 삶을 그대로 재현한 것이 아니라, 헤세 자신이 섭렵한 사상들, 기독교와 중세 독일의 기독교 신비주의, 그리고 힌두교와 불교, 도교 등을 《싯다르타》 속에 포함시키고 있음을 반증한다.

작품 구성

헤세의 《싯다르타》는 1부 4장, 2부 8장으로 구성되어 있다. 이 구성은 석가의 깨달음이라 할 수 있는 4성제 8정도를 연상케 한다.[6] 부처의 교리 중 다섯 비구(남자승려)에게 현실에서 부딪치는 문제들을 해결할 수 있도록 제시한 수행 실천법인 4성제와 깨달음을 얻을 수 있는 바른 길 8정도의 숫자를 헤세가 그의 작품 구성을 위해 사용한 것으로 파악할 수 있다. 《싯다르타》의 내면적인 구성은 깨달음을 얻고 마지막에는 포괄적 사랑에 대한 의미를 이해하는 것으로 되어 있다.

소설은 2부로 구성되어 있지만, 주인공의 내면의 성장 과정에 따라 세 단계[7]로 구분하는 의견에 대해 헤세 연구가들은 일반적으로 동의하고 있다. 즉 〈브라만의 아들(Der Sohn des Brahmanen)〉, 〈사문들 옆에서(Bei den Samanas)〉, 〈고타마(Gotama)〉, 〈깨달음(Erwachen)〉을 '정신의 세계'[8], 2부의 처음 4장 〈카말라(Kamala)〉, 〈소인들 옆에서(Bei den Kindermenschen)〉, 〈윤회(Sansara)〉. 〈강가에서(Am Flusse)〉를 '감각의 세계', 그리고 2부의 마지막 4장, 〈뱃사공(Der Fährmann)〉, 〈아들(Der Sohn)〉, 〈옴(Om)〉, 〈고빈다(Govinda)〉를 '깨달음의 완성'으로 구분한다. 싯다르타는 이 세 단계의 과정을 거치면서, 사상과 체험에 대한 순간순간의 깨달음[9]을 획득하고 있다. 즉 정신의 세계, 감각의 세계 그리고 깨달음의 완성의 3단계로 구분된다.

정신의 세계

싯다르타는 바라문(인도의 사성 중 최상부 계급으로 승려 학자층) 아들로 고대 인도의 종교 지식과 제례 규정을 담고 있는 문헌인 베다 성전의 "옴(불교의 진언 가운데 가장 위대한 것으로 여겨지는 신성한 음절)"의 의미를 인식하며 성장한다. 영특하고 빼어난 용모를 지닌 싯다르타에 대해 부모는 자랑스럽게 생각하고 희망을 건다. 그러나 싯다르타는 자신의 삶에 만족하지 못하고, 자아와 세계의 근원의 연관성을 발견하고 스스로 "본성 속에 유일자, 아트만(Atmann)"을 경험하고자 부모의 집을 떠난다. 헤세의 작품에서는 아들들은(《페터 카멘친트》, 《데미안》과 《유리알 유희》 등에서도) 보다 큰 목표에 도달하기 위해 부모의 집을 떠난다. 헤세는 부모를 떠나는 장면에서도 깨달음을 얻기 위해 출가한 부처의 일생과 일치함을 보여주면서, 소설의 주인공인 싯다르타와 불교의 성자인 부처의 생을 결부시키고 있다.

싯다르타는 생은 고뇌의 연속이며, 외적인 감각의 세계는 단지 가상만을 모방하고 있음을 깨닫고는 모든 고뇌의 연속을 끊으려고 사문들 속에서 금욕 생활을 한다. 하지만 고뇌를 끊으려고 하는 그의 노력은 항상 더욱 큰 고뇌를 가져다주고, 순간의 부정이 일시적인 윤회를 빠르게 경험하게 할 뿐이며 제한된 자아로 되돌아 올 수밖에 없음을 인식한다. 특히 싯다르타는 발전되는 과정을 부정하는 것으로는 인간 존재를 이해할 수 없다는 것을 깨닫게 된다.[10]

〈사문들 옆에서〉란 장에서 싯다르타는 부처를 만나게 된다. 그는 부처가 모든 고뇌를 극복하고 "더없는 깨달음을 지녔으며, 전생에 대하여 기억하고 있으며, 열반에 이르러 윤회에 빠져드는 일이 없으며 사물의 형태에 빠져들지 않는"(제3권 385쪽) 존재임을 깨닫는다. 그러나 〈고타마〉 장에서 싯다르타의 친구 고빈다(Govinda)는 부처의 제자가 되어 부처의 곁에 머물기로 결정하지만, 싯다르타는 부처의 곁을 떠나기로 마음먹는다. 그는 부처의 설법에 동의할 수 없는 이유를 다음과 같이 밝히고 있다.

> 도를 통하신 세존의 가르침은 여러 가지 의미를 내포하고 있어 악을 멀리하고 올바르게 살아가는 방도를 제시하고 계시오나, 그토록 분명하고 존중할 만한 가르침도 다음의 한 가지만은 내포하고 있지 않은 줄 압니다. 즉 수십만의 구도자들 가운데서 오직 세존께서만 체험하신 비밀이 그것입니다. 제가 세존의 설교를 듣고 느낀 것은 바로 그 점이었습니다. 또한 제가 다시 편력의 길을 떠나려는 까닭도 거기 있습니다.
>
> —— 제3권 394쪽

1931년 《내면으로 가는 길(Weg nach Innen)》이라는 제목으로 출간된 전집의 첫 번째 판의 후기에서 헤세는 스스로 "살아보지 않은 그 무엇인가를 쓴다는 것이 아무 의미가 없음을 체험했다"(제3권 385쪽)고 밝히고 있다. 싯다르타도 친구 고빈다에게 학설로 지혜를 얻을 수 없고, 실제로 스스로의 체험을 통해서만이 얻을 수 있다고 말한다. 그는 부처를 만나기 전에 이미 고빈다에게 다음과 같이 말하고 있었다.

> 알려고 하고, 배우려하는 것보다 더 사악한 것은 없는 것이라 믿네.
>
> —— 제3권 384쪽

불교에서는 집착하며 배우려 하고 소유하는 것에서 벗어나는 것이 열반에 도달하는 길이다. 싯다르타는 이제부터 모든 강요에서 벗어나 내면의 소리에만 귀를 기울이고자 하면서 다음과 같이 말하고 있다. "그는 하나의 소리를 들었다. 그가 다른 외부의 명령에 따르지 않고 다만 이 소리에만 순종한다는 것은 훌륭한 일이며 또 필요한 일이었다. 그 밖에 무엇이 필요하겠는가?"(제3권 404쪽 이하) 싯다르타는 부처를 만나기 전에 열반에 이를 수 있는 불교의 가르침을 인식하고 있었으며, 홀로 자신의 길을 갈 준비가 되어 있다.

〈깨달음〉이란 장에서 헤세는 '이곳'이라는 단어를 중복적으로 표현하고 있다.[11]

싯다르타는 '이곳'인 현세의 세상을 처음 대하는 듯 주위를 돌아보았다. 세상은 아름답고 다채로웠다. 세상은 이상하고 신비로웠다. 이곳은 푸른빛, 이곳은 노란빛, 이곳은 초록빛, 그리고 하늘도 강도 유유히 흐르고 있었다. 숲 그리고 우뚝 솟은 산, 모든 것이 수수께끼처럼 신비스럽기만 하였다. 그 속에서 깨달은 자 싯다르타가 자기 탐구의 길을 떠나고 있었다.

—— 제3권 397쪽

깨달음을 얻은 순간 싯다르타는 '뱀'을 만난 것처럼 느낀다고 표현되어 있다.

길가에서 뱀을 보듯 우뚝 멈춰 선 순간 그는 다음과 같이 깨닫게 되었다. '나는 벌써 종전의 내가 아니다. 나는 지금 고행자도, 승려도 바라문도 아니다. 그런데 아버지 곁에 돌아가서 무엇을 하겠단 말인가? 가르침을 받을 것인가? 제사를 지낼 것인가? 참선을 할 것인가? 이런 것들은 이미 과거의 일이 되어 버렸다. 앞으로 이런 것은 하나도 할 필요가 없다.'

—— 제3권 398쪽

뱀은 힌두교의 신화에서는 "삶의 개방성과 영원성을 설명하는 동물적 형상"[12]이다. 싯다르타는 유한한 것들과 살아있는 모든 현상들의 중심으로 자신을 인지하고 제한된 속세인 '이곳'에 머물려 하는

자신의 마음을 표현하고 1부가 끝이 난다.[13]

감각의 세계

2부의 시작 부분에서 싯다르타는 자신의 내면의 소리를 믿으며 자신의 길을 갈 것을 결심하면서 삼라만상 하나하나의 의미를 깨닫는다. 그리고 그는 뱃사공 바수데바(Vasudeva)를 만난다. 싯다르타는 후에 다시 바수데바와 만나게 되고, 그는 싯다르타가 깨달음을 얻는 데 중요한 역할을 한다.[14] 싯다르타는 바수데바의 도움을 받아 강을 건너서 어느 마을에 도착하게 된다. 그곳에서 그는 처음으로 낯선 여인의 유혹을 받기도 한다. 그리고 싯다르타는 길에서 호화로운 가마를 타고 있는 아름다운 카마라(Kamala)를 만난다. 싯다르타는 시내의 큰 저택에 살고 있는 카말라를 찾아가게 되고 카말라를 통해서 상인 카마스와미(Kamaswami)를 만나게 된다.[15] 카말라는 인도의 사랑의 신 카마데바(Kamadeva)에서 유래한다.[16] 또한 두 사람의 이름에서 공통적으로 나오는 카마(Kama)는 4세기경에 산스크리트어로 쓴 고대 인도의 성애(性愛)에 관한 경전인 카마수트라(Kama Stura), 혹은 인도의 신 중 사랑의 여신 카마를 암시한다. 즉, 두 사람은 싯다르타에게 애욕과 물욕의 감각적 세계를 경험하게 한다. 〈소인들 옆에서〉 편에서 카말라와 싯다르타의 관계 묘사는 사랑의 유희가 중심이 되어 표현되어 있다. 그러나 카말라는 후에 싯다르타에게 아들을 낳아주어, 싯다르타로 하여금 아들과의 갈등을 겪으면서 한층 높은 인간애 또는 삶의 의미를 깨닫게 해주는 여인이기도 하다.

싯다르타는 〈소인들 옆에서〉 장에서 카마의 세계, 즉 감각의 세계 속에서 의식하지 못한 채 자신의 깨달음을 도와줄 수 있는 덕목을 지켜 나갔다. 그는 이득만을 바라면 카마스와미처럼 불안하게 되지만, 현재에 전력을 다하면 후에 더 많은 것을 얻을 수 있다는 것을 깨닫고 있다. 그러나 결국 〈윤회〉의 장에서 그는 감각의 세계에 노예가 되었음을 스스로 느끼지만 도박을 경멸하면서도 점점 더 빠져든다. 그는 도박을 할 때 느끼는 감정을 다음과 같이 묘사하고 있다. "그 불안, 두둑하게 돈을 걸면서 노름을 할 때의, 그 두렵고 가슴 조이는 불안을 그는 사랑하여, 그런 불안을 새롭게 하고 더욱 상승시키고 북돋아 주려고 했다. 왜냐하면 이런 감정 속에서 그는 행복감과, 도취감 같은 것을, 혐오스럽고 진부한 삶 속에서 느낄 수 있었기 때문이었다."(제3권 424쪽) 그렇지만 곧 그는 도박도 카말라와의 사랑 놀음도 끝없는 윤회에 속한다는 것을 깨닫는다. 어느 날 그는 카마와의 감각의 세계 속에서 유한성의 징표를 알게 되고, 계속 반복되는 육욕의 세계에서 권태를 느끼게 되었다. 어느 날 그는 카말라와 사랑 놀음을 하던 중, 그녀의 얼굴에서 죽음이 가까워졌음을 느꼈다.

> 그녀의 얼굴을 옆에서 가까이 바라보면서 눈언저리와 입가에서 전에는 볼 수 없었던 무서운 글자를 읽었다. 가는 금들과 옅은 도랑처럼 패인 주름, 가을과 늙음을 생각나게 하는 글자였다.
>
> —— 제3권 425쪽

싯다르타가 카말라의 얼굴에서 보았던 죽음의 예감은 헤세의 시 〈세상이여 안녕(Leb wohl, Frau Welt, 1944)〉에서도 찾을 수 있다. 시의 내용은 다음과 같다.

> 세상은 산산이 깨어지고 말았다.
> 옛날엔 그녀를 그다지도 사랑했었는데,
> 우리에게 죽는다는 것도 이젠
> 그리 놀라운 일이 되지 못한다.
>
> 세상을 멸시해서는 안 된다.
> 그다지도 화려하고 거친 세상을,
> 태고의 마력이 아직까지도
> 그 형상 주변에 나부끼고 있다.
>
> 세상의 거대한 유희로부터
> 감사한 마음으로 우린 떠나가리라.
> 세상은 우리에게 쾌락과 고통을 주었고,
> 너무나도 많은 사랑을 주었다.

세상이여, 안녕, 그리고
젊고도 매끄럽게 다시 치장하여라.
우린 너의 행복과
너의 비애로 지쳐 있노라.

—— 제10권 372쪽

이 시에서 나오는 "세상"은 속세의 감각적 '쾌락'과 '행복', 그리고 '고통'과 '비애'를 형상화시켜 삶의 모습을 보여주는 중세적 개념의 알레고리이다. 여기에서 "세상"은 여성으로 의인화되었는데, 그녀는 아주 유혹하듯 아름답게 치장하여 매력적인 인물이지만, 한편 고통을 주는 존재이다. '세상'의 알레고리화된 형상은 처음에 슈트라스부르크(Strassburg) 성당에 등장하였고, 또한 슈트라스부르크 형상에 따라 보름스(Worms) 성당 남쪽 문의 오른편에도 표현되어 있다. 그 형상은 다음과 같다. "세상"의 모습에 매력에 빠진 한 기사가 "세상" 앞에 무릎을 꿇고 있다. 그러나 그녀의 본성은 뒷면에 드러나는데, 그녀의 뒷면은 두꺼비와 뱀, 그리고 세상의 더러움으로 표현되어 있다.[17] 이처럼 "세상"은 겉으로는 아름다워 보이지만, 그 뒷면에는 죽음, 비애 등을 함께하는 삶의 알레고리의 의미를 담고 있다. "세상이여 안녕"에서처럼 싯다르타도 자신에게 감각적인 즐거움을 주지만, 결국은 노쇠한 카말라의 얼굴을 보고 또한 자신의 삶에서 권태로움을 느끼고 이별을 생각한다. 그러던 중 그는 꿈속에서 카말라의 새장

안에서 죽은 새를 본다. 이는 '매'(제3권 373쪽)라고 묘사되었던 싯다르타 자신의 죽음을 연상케 하였다. 그는 예전에는 제한된 인간 세계에서 해방되려고 시도했지만, 현재에는 단지 쾌락의 생활에 젖어 있음을 깨닫게 되었다. 그리고 그는 인간의 한계를 극복할 수 있는 시간이 많이 남아있지 않음을 깨닫게 되고 카마의 세계를 떠난다.

〈강가에서〉란 장 처음 부분에서 "권태와 슬픔과 죽음으로 가득"(제3권 429쪽) 차 있는 싯다르타가 죽음을 생각하고 강물을 바라본다. 그러나 죽음을 생각한 순간, 그는 "생명의 불멸"(제3권 431쪽)의 의미를 깨닫게 된다. 그리고 강에서 그는 "지난날이 마치 베일이 쌓인 것처럼 희미하게 동떨어져, 그와는 아무 관계가 없는 것처럼 느꼈다. [...] 그는 예전의 삶을 떠나 새로운 인간으로서 세상을 보고 있다는 사실을 깨달을 뿐이었다."(제3권 431쪽) 그리고는 깊은 잠에 빠진다.[18] 그리고 깨어나 그는 고빈다를 다시 만난다. 어린 시절의 친구는 싯다르타의 깨달음의 과정에서 중요한 역할을 한다. 그는 고빈다를 통해 처음으로 자신이 추구하는 목표에 더욱 가깝게 다가갈 수 있게 해주는 사랑을 느낀다. 헤세는 〈나의 믿음(Mein Glaube)〉글에서 《싯다르타》란 작품에서 '사랑'이 가장 우선으로 했기에, 이 작품이 독단을 거절하고 합일이라는 체험을 핵심에 놓을 수 있었음을 말하고 있다.[19] 죽음을 생각하다 깨어난 싯다르타는 고빈다와의 대화를 통해 다시 삶의 활력을 느끼게 된다. 그리고 싯다르타는 얼굴에 웃음을 띠고 그의 뒷모습을 바라보았다. 그는 아직도 이 성실하고 불안에 사로잡힌 친구를 사랑하였다. 이상스러울 만큼 잠들었다가 깨어난 순간에 '옴'으로 마음이 충만한 그가 사람과 그 밖의 만물을 어찌 사랑하지 않을 수 있으랴!

—— 제3권 434쪽

그는 사랑의 마음을 가지고 새로운 활력을 찾고서는 계속 흘러가는 강의 모습에서 과거의 자신을 버린다. 그리고 강에서 죽기로 하였다가 깨달음을 얻은 싯다르타는 강이 자신으로 하여금 깨달음을 주리라는 것을 깨닫고 강가에 머물기로 결심한다.

깨달음의 완성

〈뱃사공〉이란 장에서는 강가에서 과거와 현재의 구분이 가상일뿐인 것을 깨닫고 있는 싯다르타가 묘사된다. 헤세 연구가 시아(Hsia)는 바수데바를 도(道)의 의인화된 상징으로, 강을 도의 구현으로 해석한다.[20]

물과 물은 꾸준히 흐르고 있었으나, 언제나 그곳에 과거에도 머물러 있었고, 항상 같은 것이지만 매 순간 새로운 물이다.

—— 제3권 439쪽

싯다르타는 강을 바라보며 모든 것이 같은 것이고, 그의 내면에 삶의 매순간이 존재하는 것을 느끼게 되었다. 물의 의미를 어렴풋이 느끼게 된 싯다르타는 뱃사공 바수데바를 찾아가, 그를 통해 깨달음의 지혜를 터득하려고 하였다. 불교에서 뱃사공은 중생을 이쪽 언덕에서 저쪽 언덕으로 건네주는 부처와 같은 존재를 상징한다. 바수데바가 싯다르타에게 깨닫게 해주는 교훈은 중국의 도가사상에서 찾을 수 있는 현자의 지혜이다.[21]

> 그의 가르침을 그대로 따를 수는 없었으나, 고타마와 떠나 있지는 않았다는 것을 새삼 깨닫게 되었다. 아니, 참으로 진리를 발견하려는 사람이라면 어떤 가르침도 그대로 받아들일 수는 없을 것이다. 그러나 한번 진리를 발견한 삶이라면 그 모든 가르침과 길과 목표를 인정할 것이다. 거기까지 이른 사람은 영원 속에 살며, 신의 세계를 호흡하는 수천의 모든 성자들과 같은 생각을 하게 마련이다.
>
> —— 제3권 445쪽

싯다르타는 바수데바의 무언의 가르침을 통해, 자신의 과거의 오만함을 깨닫기도 한다. 비록 학자는 아니지만 바수데바는 부처의 진정한 깨달음에 도달한 성자임을 싯다르타는 깨닫게 된다. 바수데바를 통해 불교에서 깨달음을 얻는 자는 모두 부처가 될 수 있는 것처럼, 싯다르타와 부처의 차이는 지양된다. 그리고 카말라는 열반에 가까워진 부처를 보기 위해 자신의 재산을 부처의 제자들에게 희사하고 여행을 떠난다. 그러던 중 그녀는 바수데바의 나루터에서 멀지 않는 곳에서 뱀에 물려 싯다르타의 면전에서 죽음을 맞이하게 된다. 카말라와 싯다르타는 다음과 같은 대화를 나눈다.

> "당신은 평화를 찾았나요."
> 싯다르타는 웃는 얼굴로 자신의 손을 그녀의 손 위에 올려놓았다.
> "알겠어요." 그녀는 말했다. "알겠어요. 저도 평화를 찾게 되겠지요."
> "당신은 이미 그것을 찾았소." 싯다르타는 속삭였다.
>
> —— 제3권 448쪽

그녀는 다음과 같이 생각한다. "그녀는 부처를 만나 마음의 평화를 찾으려고 순례의 길을 떠난 것을 돌이켜 생각해 보았다. 그녀는 부처를 만나는 대신에 싯다르타를 만났지만, 마치 부처를 만난 것처럼 반가웠다."(제3권 448쪽) 카말라는 싯다르타가 깨달음을 얻어 신과 같은 경지에 도달했으며, 인간의 모습이 신과 같은 형상임을 인식하게 된다. 싯다르타도 카말라의 죽음에서 '생명의 불멸과 순간의 영원성'을 깨닫는다.

〈뱃사공〉의 장에서 그는 카말라가 낳은 자신의 아들을 만나게 되지만, 아들이 자신의 가난한 삶에 적응하지 못하고 반항하자, 끝없는 고뇌에 사로잡히게 된다. 싯다르타는 아들을 통해 고통스러운 사랑을 경험하면서, 사람들은 자신의 내면의 목소리에 따를 수밖에 없기 때문에 다른 이에게 "어떤 길로, 어떤 행위와 고뇌로 부름을 받았는지"(제3권 451쪽) 아무도 정해 줄 수 없다는 바수데바의 충고에 마지막 깨달음을 획득하였다. 그는 이제 사랑을 이해하게 되었고, 자신이 부모의 집을 떠날 때 아버지의 마음을 깨닫게 되었다.

〈옴〉 장에서 소설의 주도 동기(Leitmotiv)인 강의 단일성과 시간의 초월의 의미가 나타나는 강의 소리에는 아트만의 모든 소리가 한데 어우러져 있었다. 그는 강에서 모든 것이 합쳐져 있는 "생명의 음악"을 들었고, 강에서 자신의 아버지와 자신, 그리고 자신의 아들을 보았다. 그는 강에서 세 사람이 다른 사람이면서도 모든 사람이기도 한 윤회의 의미를 깨달았고, 자연의 순환과 윤회의 의미를 다시 한 번 확인하였다. "수증기가 되어 하늘로 올라가 비로 변해 하늘에서 쏟아져 내리고, 샘이 되고 시내가 되고 강이 되어 새로운 목표를 향해 흐르는 것이었다."(제3권 466쪽) 싯다르타는 강을 보고 강물의 순환, 즉 영원한 자연의 순환을 보았다.

강가에서 바수데바가 떠난다. 그 다음 〈고빈다〉 장에서 싯다르타는 고빈다와의 에피소드가 묘사된다. 싯다르타는 고빈다에게 자신의 과거의 삶을 이야기하면서, 예전의 시간은 잠시 머무르는 것이지만 과거와 현재라는 개념은 실제로 구분되는 것이 아니라 오히려 결합되는 것이라고 말한다. 그리고 "지금 현재, 이미 미래의 부처는 있는 거요. 미래는 거기 내포되어 있는 앞날의 부처를 존경해야 하는 거요."(제3권 391쪽) 즉 "삶의 순간" 속에 깨달음이 내포되어 있다고 그는 말한다. 그러나 고빈다는 아직도 불안감을 떨치지 못하고 자신의 문제를 해결하지 못하고 있었다. 고빈다는 친구가 깨달은 철학을 이해하지 못하지만, 싯다르타가 깨달음의 완성에 도달했음을 인식하였다. 고빈다는 친구에게 키스하면서, 친구의 얼굴에서 강과 신들, 동물과 인간의 얼굴을 함께 본다. 이러한 현상은 강에서 찾을 수 있는 단일성으로, 헤세는 이러한 단일성의 사상을 여러 신의 합일을 추구하는 힌두교에서 영향 받았음을 1923년 1월 28일자 〈나치오날 차이퉁(National-Zeitung)〉에서 말하고 있다.

> 힌두교의 종교는 어떤 정해진 체제가 아니며, 정해진 표상에 안주하지 않는다. 어떤 도그마적인 성전도 가지고 있지 않으나, 수천 년 동안 잊히지 않고 소멸되지 않았으며, 창조적 변신의 가능성으로 수천의 새로운 결합을 만들어 낸다. 항상 새로운 형태를 발견해내고 끝없는 넓은 마음과 관용의 정신으로 낯선 요소들을 받아들인다. 여러 개의 팔을 가진 인도의 신들의 얼굴과 형상 또한 마찬가지로 이 종교는 수천의 얼굴들을 가지고, 원초적이고 세련된 어린아이와 같고 남자와 같으며, 부드럽고 두려운 얼굴을 가진다.
>
> —— 제18권 391쪽

힌두교의 이러한 구절은 헤세가 특히 좋아했던 장자(莊子)의 《남화경》에서도 유사한 구절을 찾을 수 있다. 《남화경》은 독일에서는 《남쪽의 꽃피는 나라에서 나온 진실한 책(das wahre Buch vom südlichen Blütenland)》이란 제목으로 번역되었다. 《남화경》 중 다음의 구절은 한 남자의 질문에 대해 깨달음을 득도한 이의 의식 상태를 묘사한 것이다.

> 어떤 정해진 방향에서 추구해서는 안 될 것이다. 어떠한 사물도 그대들에게서 빼앗아서는 안 된다. 왜냐하면 그것이 지고의 의미이기 때문이다. 내가 다음과 같이 말을 하면: '일반적이고' 혹은 '도처에 있다.' 혹은 '전체적으로'. 그것은 같은 일에 대한 여러 가지 표현들이다. 그리고 그 뜻은 '하나이다.'라는 말은 위대한 개념을 표현하는 단어이다. 나와 함께 무(無)의 성으로 가보도록 하자. 그곳에서는 모든 것이 하나이다. 그때 우리는 무한에 대해 이야기해 볼 것이다. 무위, 단순, 고요, 침잠, 순수, 조화로 나와 함께 가보도록 하자. 그곳에는 모든 것이 극복될 것이다. 나의 의지는 목표가 아니고 나는 내가 어디로 갈지를 모른다. 나는 가고 오지만 내가 어디에 머물지 알지 못한다. 나는 이리 저리 방랑하지만 어디에서 끝나는지 알지 못한다. 여기에 지고의 지속이 있고, 끝이 없다. 사물의 성질이 부여되면 그것은 내면에서 외적으로 제한되는 것이 아니다. 단지 개체는 경계가 있다. 그곳에서 사물이 멈춘다, 그리고 사물이 시작하는 곳에서 멈춘다. 충일과 공허가 작용을 하는 그곳에서 충일되지 않고 비어있지 않

다. 몰락과 감소가 작용을 하는 것은 스스로 뿌리나 정점이 아니다. 수집하고 흩어지는 것은 스스로 수집되지 않고 흩어지지 않는다.[22]

대립된 것이 극복되고 다양성이 단일화될 수 있음을 깨달은 싯다르타는 포괄적으로 사랑하는 마음을 가지고, 고빈다에게 자신이 예전에는 깨달을 수 없었던 단일성의 이념을 알려주었다. 마지막 장에서 고빈다는 싯다르타가 깨달음의 완성 단계에 도달했음을 인식한다.

고빈다는 허리를 굽혀 절을 하였다. 그에게서 알 수 없는 눈물이 줄줄 흘러내렸다. 그의 노쇠한 얼굴에는 가장 깊은 사랑과 충심에서 우러나는 겸허한 존경의 빛이 불타고 있었다. [...] 싯다르타의 웃음은 고빈다에게 일찍이 그의 긴 생애에서 사랑해 오던 모든 것과 그의 생애에 가치 있고 거룩하게 생각해오던 모든 것을 회상시켜 주었다.

—— 제3권 472쪽

싯다르타는 모든 체험을 겪은 후, 마침내 깨달음을 획득하고 동시에 친구에게도 사랑을 깨닫게 하면서 구원을 예감케 한다. 모든 것을 포괄하는 사랑의 깨달음이 모든 존재하는 것들의 합일을 체험하게 한 것이다. 헤세는 한 독자에게 다음과 같은 편지를 보냈다.

> 당신이 나의 작품에서 어떤 모범적이고 교육자적인 것을 찾고, 지혜와 올바른 삶으로 가기 위한 일종의 훈령이라고 생각한다면, 싯다르타의 발전에 대해 이의를 갖는 것이 전적으로 맞는 말씀이라고 생각이 듭니다. 그러나 나의 작품은 그런 것은 아닙니다. 내가 열반이나 완성에 도달한 싯다르타를 묘사하려고 했었다면, 나는 책이나 예감 그리고 나 자신의 체험으로 도달할 수 없는 어떤 상상을 해야 했을 것입니다. [...] 나는 교사나 지도자가 아니고 고백자이며, 그의 삶에서 발생하고 중요하게 되어 버린 가능한 진실된 고백을 사람들에게 제시하기 위해 정진하는 자이고, 추구하는 자입니다.[23]

헤세는 자신의 작품에서 교육적인 요소를 인정하면서, 특히 싯다르타를 도달할 수 없고 말할 수 없는 것으로 묘사하려는 것이 아니라, 자신의 삶의 진실을 사람들에게 제시하려했음을 밝히는 것이다. 즉 헤세는 이 작품을 통해 불교의 부처를 재현하는 것이 아닌, 정진하고 추구하는 자신의 내면을 투영한 싯다르타의 형상을 통해 인간 내면의 발전 단계와 세속의 삶에 지친 사람들의 힐링의 가능성을 보여주려 한 것이다.

영화로 만난 〈싯다르타〉

 영화 〈싯다르타〉는 콘라드 룩스(Conrad Rooks)가 헤세의 소설 《싯다르타》를 각색하고 감독하여 1972년에 만든 82분짜리 작품이다. 영화는 독특하고 훌륭한 예술 세계를 지니는 수작이라고 평할 수는 없지만, 헤세의 작품을 충실하게 영상화한 것으로 독일문학에 관심이 많은 이들과 학생들에게 도움을 줄 만한 시청각 자료이다.

헤세의 소설이 12장(브라만의 아들 - 사문들 옆에서 - 고다마 - 각성 - 카말라 - 소인들 옆에서 - 윤회 - 강가에서 - 뱃사공 - 아들 -옴 - 고빈다)으로 구성되어 있는데 반해, 영화는 9개의 시퀀스(타이틀(Vorspann) - 집에서 떠남(Abschied von zu Hause) - 올바른 길(Der richtige Weg) - 부처의 교훈(Buddhas Lehre) - 각성하다(Erwacht) - 사랑(Die Liebe) - 부귀 영화(Reichtum) - 새장(Der Käfig) - 뱃사공의 집에서(Beim Fährmann) - 내면의 조화(Innere Harmonie) - 제작진 소개(Abspann))로 구성되어 있다. 그러나 소설이 주제에 따라 3개로 구분할 수 있는 것과 마찬가지로, 영화에서도 3개의 영역, 즉 1부 정신의 세계(집에서 떠남, 올바른 길, 부처의 교훈, 각성하다), 2부 감각의 세계(사랑, 부귀영화, 새장), 3부 깨달음의 완성(뱃사공의 집에서, 내면의 조화)으로 구분할 수 있다.

소설은 싯다르타가 깨달음에 도달하기 위해 고뇌하는 내면의 모습을 탁월한 심리 묘사로 그려내면서 깨달음의 의미를 잘 전달하고 있다. 그 예로 소설에서는 싯다르타가 감각의 세계의 마지막 단계에 도달했음을 암시하는 부분을 새가 죽는 것을 꿈꾸는 것으로 묘사한다. 영화는 헤세 소설의 내적 심리 묘사를 현실의 사건으로 관객에게 전달하고 있다.

영화 〈싯다르타〉 中

감독은 소설 텍스트에 따라 싯다르타의
깨달음의 단계를 충실히 재현해가면서도,
자신의 해석을 바탕으로 색다른 영상으로
재현하려 노력하였다.

영화는 청년기에서부터 노년에 이르기까지의 주인공이 깨달음을 획득하는 과정과 내용을 묘사한 소설 《싯다르타》를 전체적으로 충실하게 재현하는데 주력하였다. 사실상 영화는 외적인 묘사와 진행 과정을 보여주어야 하는 매체의 특성을 고려하지 않을 수 없었을 것이다. 그러나 소설 속의 주인공의 삶을 모두 표현하려는 의무감 때문인지 영화의 흐름이 대체적으로 지루하고, 특히 영화 속 배우들은 소설의 고뇌하는 모습을 재현하는 연기가 어색하다. 그러나 룩스는 헤세의 작품 속에 나타난 주요한 의미들, 특히 싯다르타의 '깨달음'의 과정을 대단히 정확하게 분석하여 영상화했다. 이러한 면에서 소설의 어떤 대목을 어떻게 재현하였는지 비교하는 작업으로 소설을 영화화하는 기법에 대한 토론의 장을 만들 수 있다.

영화는 시간의 배분에 있어서 소설과 거의 같은 구성을 보이고 있다. 헤세의 작품은 전개 과정에 있어서 대략 양적으로 균등한 배분을 하면서도 〈카말라〉 부분에 많은 지면을 할애하고 있다. 영화에서도 카말라와 카마스와미와의 '감각의 세계' 부분에 시간이 많이 배정되어 소설과 구성 면에서 거의 일치한다.

영화는 주제에 따라 3개의 영역으로 색조와 분위기가 다르게 구성되어 있다. 첫 번째 단계로 일컬어지는 '정신의 세계'는 신비로운 분위기와 영적인 분위기를 느낄 수 있는 색조로 형상화된다. 두 번째 단계, 소위 '감각의 세계'에서의 영상들은 카말라과 부호 카마스와미의 화려한 의상과 호화로운 생활을 묘사해야 했기 때문인지 대단히 화려한 색조의 화면으로 표현된다. 카말라와 싯다르타의 사랑을 재현과는 장면에서는 고대 인도의 성애의 경전인 〈카마수트라(Kamasutra)〉의 감각적인 면을 부각시켜, 두 사람의 사랑 장면을 실루엣으로 재현하여 그림자극으로 표현하고 있다. 특히 싯다르타가 속세에서 감각의 세계로 인해 현혹된 상태와 혼란한 마음 상태는 인도인들 특유의 손동작으로 춤을 추는 여인들로 표현된다. 이 춤사위와 손동작은 헤세가 특히 좋아했던 인도의 신인 시바(Shiwa) 동상을 연상시킨다. 이러한 마지막 단계에서는 강의 색깔을 느낄 수 있도록 하였으며, 카메라는 시간을 초월한 듯한 느낌을 주기 위해 먼 거리에서 촬영을 한 장면이 많다. 특히 싯다르타의 깨달음이 구현되는 단계는 많은 부분이 강과 하늘이 어우러지는 현실을 떠나 이상향을 느낄 수 있는 분위기와 색조를 사용하였다.

영화는 헤세의 작품을 재현하면서, 영상으로 표현할 수 있는 여러 가지 효과들과 방법을 동원하고 있다. 그 대표적인 예가 싯다르타가 부처를 찾아가 설법을 듣고 대화를 나누는 장면이다. 영화는 부처의 얼굴을 감추고 목소리만 들려주면서 부처의 신성함을 부각시키고 있다. 또한 감독이 싯다르타 영화에서 인도의 아름다운 풍경과 독특한 문화를 재현하려고 노력한 흔적을 찾아 볼 수 있다. 《싯다르타》 영화에 구현되는 인도 북쪽 지방[24]의 아름다운 풍경들과 건물,

일반 인도인들의 삶, 사문들이 구도하는 모습, 인도인의 아름다운 의상과 장신구 등의 재현은 인도인들의 삶의 모습을 알 수 있도록 한다.

감독은 특히 소설 텍스트에는 없는 인도인들의 화장(火葬) 장면을 영화에 첨가시키고 확장시키고 있다. 소설에서 카말라가 사망하자, 싯다르타는 죽은 그녀의 얼굴을 들여다보고 "현재와 동일한 영원" 혹은 "순간의 영원성"(제3권 448쪽)을 느끼며 시간의 초월 혹은 무시간성을 경험한다. 그리고 그들은 "화장할 나무를 쌓아올렸다."(제3권 449쪽)라는 문장으로 처리한다. 이에 반해 영화에서는 카말라를 화장하는 장면에 오랜 시간을 투여해 여러 장면으로 처리한다. 인도에서는 죽음을 영원한 자유로 가는 관문으로 보고, 인간의 껍질인 육신을 화장하여 해탈의 길로 인도한다. 이 장면에 많은 시간을 할애한 것은 감독이 인도의 독특한 문화인 화장 장면을 통해 불교에서 말하는 해탈의 의미를 부각시키려는 의도로 파악할 수 있다.

세계 1차 대전이 발발하자 전쟁의 공포로 인하여 서구인들의 자의식은 대단히 동요하였고, 자신들의 세계에 대해 회의적이 되지 않을 수 없었다. 서구인들은 자신들이 자랑스럽게 생각하던 문명의 세계에서 자연과 동양으로 시선을 돌리면서 자구책을 찾고자 했다. 이런 상황에서 하나의 해결책을 제시하기 위해, 헤세는 동양의 부처와 많은 유사성을 가지고 있는 주인공이 고뇌를 극복하면서 깨달음을 얻는 과정을 그린 《싯다르타》를 1차 대전이 끝난 직후부터 쓰기 시작하였다. 헤세가 자신의 작품 《싯다르타》가 페르시아판으로 출간되는데 대해 그 서문 속에 삶에서 다양한 의미를 섭렵하는 것이 중요하다고 밝히고 있듯이, 《싯다르타》에는 동서양 사상의 양극성을 통합하여 그의 삶에서 깨달음을 획득하는 과정이 묘사되고 있다.

감독은 소설 텍스트에 따라 싯다르타의 깨달음의 단계를 충실히 재현해가면서도, 자신의 해석을 바탕으로 색다른 영상으로 재현하려 노력하였다. 특히 소설 속의 부처의 장면을 부처의 목소리만으로 표현하여 신비로움을 더하게 하였다. 카말라의 화장장면은 인도인에게는 해탈을 의미하기 때문에 소설과는 달리 오랜 시간을 부여하였다.

4부 현대 지식인의 병리적 전기 ____ 황야의 이리

4부 현대 지식인의 병리적 전기 ___ 황야의 이리

헤세는 일반적으로 내면의 심리 문제[1]에 천착하는 작가로 인식되어 왔으나, 기실 그 누구보다도 사회 문제에 관하여 대단히 많은 관심을 표현한 작가이기도 하다.[2] 헤세는 1914년부터 〈독일 억류자 신문(Deutsche Internierte-Zeitung)〉을, 1918년부터 1922년까지 〈독일 전쟁 포로 신문(Bücherzentrale für deutsche Kriegsgefangene)〉을 발행하기도 하였고, 그 외에도 수많은 정치적 평론을 썼다.[3] 《황야의 이리(Der Steppenwolf, 1927)》는 헤세의 이러한 면모를 잘 보여주는 작품이다. 작가는 스스로 《황야의 이리》가 1차 세계 대전 후의 사회와의 연관 속에서 작가의 눈으로 본 "시대의 기록"(제4권 23쪽)이라 밝히고 있다. 또한 《황야의 이리》의 집필 기간은 그의 첫 번째 아내인 마리아 베르누이(Maria Bernouli)의 정신병 발병에, 1927년에는 두 번째 부인 루트 벵어(Ruth Wenger)와의 이혼 그리고 50세에 접어들면서 찾아온 건강상의 문제 등으로 헤세가 심한 심적 고통을 겪은 때였다.

작품 구성

《황야의 이리》는 〈편집자 서문(Vorwort des Herausgebers)〉, 〈황야의 이리론(Tractat vom Steppenwolf)〉이 첨가된 〈하리 할러의 수기(Harry Hallers Aufzeichnung)〉로 구성되어 있다. 〈편집자 서문〉은 할러가 세 들어 살고 있는 집주인의 조카가 할리를 지켜보고 그의 모습을 설명하는 것으로 〈하리 할리의 수기〉를 보충하는 내용이다. 〈황야의 이리론〉은 할러의 심리를 심층적으로 분석하는 내용이다. 〈하리 할러의 수기〉의 처음 부분은 산보하거나, 술집을 방문하는 할러의 일상의 모습이 설명된다. 두 번째 부분은 길에서 마주친 장례행렬, 그리고 교수의 집 에피소드이다. 세 번째 부분은 〈검은 독수리(der schwarze Adler)〉라는 술집에서 만난 창녀 헤르미네(Hermine), 마리아(Maria) 그리고 색소폰 연주자 파블로(Pablo)와의 에피소드이다. 네 번째 부분은 가장무도회에서 접한 마술극장 에피소드이다.

《황야의 이리》의 작품 구성에 대해 많이 당황해하는 독자들에게 헤세는 자신의 작품이 음악에서 모방 대위법이 특징인 카논(Canon)과 모방 반복이 특징인 푸가(Fuge)의 형태[4]로 되어 있다고 밝히고 있다.

상실의 시대

작품의 시대적 배경

세계 1차 대전은 독일 사회 전반에 치명적 결과를 가져다주었다. 특히 패전 후 독일의 경제 상황은 베르사유 조약에 의해 엄청난 전쟁 배상금을 내야 했기에 대단히 심각한 상태가 되었다. 전쟁 배상금을 갚기 위해 독일 정부는 은행에서 거액의 융자를 받기로 결정하였고, 그로 인해 정부 부채는 늘어갔으며 인플레이션은 극에 달했다.

전쟁이 끝나고 1920년 대 독일에서는 수많은 실업자와 초 인플레이션으로 인해 일상생활에서 경제적 어려움이 있었고, 1920년 우익 정부를 전복하려 했던 카프 폭동(Kapp-Putsch), 1923년 프랑스와 벨기에에 의한 루르 점령, 1923년 히틀러의 뮌헨 폭동 등의 연이은 사건들로 대단히 혼란스러웠다. 그러나 외무장관 구스타프 슈트레제만(Gustav Stresemann, 1878~1929)에 의해 체결된 로카르노 조약(Pact of Locarno)으로 독일은 1926년 국제 연맹에 가입한 후 정치적으로 안정되기 시작했으며, 1924년 미국이 제안한 도스 안(Dawes Plan)과 1930년의 영 안(Young)이 확정되어 독일의 경제 수준에 맞추는 방향으로 조정되어 전쟁 배상금액은 경감되었다. 또한 1924년 초 인플레이션의 해결방안으로 렌텐마르크(Rentenmark)가 발행되어 경제도 많이 회복되었다.

1920년대의 독일은 정치적으로나 경제적으로 대단한 혼란스러웠지만, 한편으로 이 시기는 문화적으로 '황금의 20년대(Die Zeit der Goldenen Zwanziger)'라고 평가된다. 프릿츠 랑(Fritz Lang, 1890~1976)과 프리드리히 빌헬름 무르나우(Friedrich Wilhelm Murna, 1889~1931) 감독들이 활동한 당시의 독일 영화는 세계 최고 수준이었다. 카피톨(Capitol)과 우파 팔라스트(Ufa-Palast) 같은 베를린의 큰 극장에서 영화가 상영되었다. 쿠어퓌르슈텐담(Kurfuerstendamm, 일명 쿠담) 거리에는 카바레 극장, 소규모의 예술 무대, 바, 나이트클럽, 술집과 찻집 등이 즐비해졌다. 브레히트(Bertolt Brech, 1898~1956)가 잇달아 작품을 발표하였고, 발터 그로피우스(Walter Gropius, 1883~1969)가 1919년 바우하우스(Bauhaus)를 설립하였다. 작가인 토마스 만(Thomas Mann, 1875~1955), 에른스트 윙거(Ernst Jünger, 1895~1998), 에리히 마리아 레마르크(Erich Maria Remarque, 1898~1970), 그리고 철학자 마르틴 하이데거(Martin Heidegger, 1889~1976), 막스 베버(Max Weber, 1864~1920) 등과 같은 대가들이 독일을 유럽의 문화 중심지로 만들었다.[5]

이 시기에는 고급문화도 활성화되었지만, 기술이 발달하면서 영화나 라디오 등을 포함한 대중문화의 영역도 확대되어 가고 있던 시절이었다. 전후 세대의 상실감과 좌절이 오락과 소비에 대한 욕구를 증대시켰다. 독일에서는 특히 미국 문화가 유입되면서 사교댄스와 재즈 그리고 채플린의 코미디 영화 등과 같은 대중문화가 자리 잡게 되었다. 라디오에서는 리릭 테너가수로 유명한 오스트리아 출신의 영국 테너가수 타우버(Richard Tauber, 1891~1948)의 오페레타가 중계 방송되고, 미국 출신의 흑인 여가수 조세핀 베이커(Josephine Baker, 1906~1975)가 전설적인 레뷰 공연을 들려주었다.

독일 국민의 대부분은 학문, 기술과 소비 생활에서 미래를 보고 있었는데 반해, 대중화 물결에 대해 부정적으로 반응하는 사람들이 있었다. 교양시민계급 같은 그룹은 과거를 정신적 문화적으로 정형화된 시대로 파악하고 과거를 동경하면서, 동시대의 대중문화를 대단히 낯설게 느끼고 있었다. 이 시기에는 두 개의 시대, 서로 다른 두 개의 삶의 세계가 상충하였다고 할 수 있다. 한 그룹은 변화를 원하면서 대중적 오락의 세계로 파묻혀 들어갔고, 다른 이들은 이 시대의 상황을 혼란으로 파악하고는 당혹해 하면서 정신적 발판을 찾고자 하였다. 이러한 두 계층과 두 개의 문화 사이에서 혼란을 겪는 주인공이 바로 《황야의 이리》의 하리 할러(Harry Haller)이다.

교양시민계급비판

《황야의 이리》에서 헤세의 시민 계급에 대한 비판은 '장례식 에피소드'와 '교수집의 방문' 에피소드를 통해 드러난다. 할러는 장례식에 참석한 사람들이 겉으로는 죽은 사람에 대해 예의를 갖추고 있지만, 실은 진심어린 애도의 마음을 갖고 있지 않음을 간파한다. 할러는 장례식 행렬을 보고 다음과 같이 말한다.

> 목사와 운상꾼, 호상꾼들이 서성거리고 있는 것을 보았는데, 그들은 가능한 한 아주 엄숙하고 슬픈 표정을 지으려 하였지만, 속이 빤히 보이는 연극과 당황스러움과 거짓 때문인지 긴장하여 우스꽝스러웠다.
>
> —— 제4권 74쪽

할러는 엄숙해야 할 장례식이 마치 한 편의 익살극처럼 느껴졌고, 장례식에 모인 사람들의 얼굴에서 가식과 위선을 보고 역겨움을 느낀다. 사람들은 주검 앞에 무릎을 꿇거나 "얼굴을 숙이는"(제4권 74쪽) 등의 예의를 갖추었지만 "우는 사람이라곤 한 사람도 없었고 죽은 사람은 그 어떤 누구와도 상관없는 존재인 것처럼 느껴졌다."(제4권 74쪽) 그리고 "불필요한 장례식이 곧 끝났으면 하는 바램 밖에는 없는 듯 했다."(제4권 75쪽) 이러한 모습들을 보면서 그는 시민 생활에서 강요되는 허례를 절감하고, 사회에 대한 "증오감", 그리고 "불만, 마음의 공허와 절망"(제4권 76쪽)을 확인할 뿐이다.

할러는 예의를 갖추기 위해 "마음에도 없는 말을 지껄이는"(제4권 79쪽) 사람들의 "쓸데없는 인사치레"(제4권 77쪽)를 보고 거부감을 느끼면서도, 또한 이러한 시민 사회의 허례 의식을 완전히 거부할 수 없는 자신의 모순을 깨닫고 염세적인 성향을 띠게 된다. 그리고 자신을 초대한 교수를 방문하기 위하여 외출을 준비하며 다음과 같이 말한다.

> 나는 옷을 입고 외출을 하였다. 그리고 교수를 방문하였다. 그리고 그와 거짓된 인사말을 나누고 원하지도 않으면서 대부분의 사람들처럼 그렇게 행동하고 살고 있다. [...] 방문을 하고 오락을 하고 사무실에서 일을 한다. 자신의 삶에 대해 비판을 하고, 삶의 바보스러움과 천박함, 끔찍할 정도로 오만상을 찡그리고 다가오는 삶의 애매모호함과 삶의 희망이 없는 슬픔과 황폐함을 인식하고 느끼는 것을 방해하는 영원히 반복되는 기계운동과 같은 것이다.
>
> —— 제4권 79쪽

시민사회의 정직하지 못하고 왜곡된 사고방식과 삶의 태도에 대한 할러의 거부감은 교수의 집에 걸려있는 괴테를 키치화한 동판화를 본 순간 그 절정에 도달한다. 할러는 허영에 가득 찬 사람들이 괴테와 그의 위대한 사상을 제대로 이해하지도 못하면서 통속화시킨 것을 알아차리고 다음과 같이 신랄하게 공격한다.

> 괴테는 사실 이런 모습이 아니었다고 생각되는데요. 나는 말했다. 이런 자부심, 이런 포즈, 자리를 같이 한 신사 숙녀에게 추파를 던지는 듯한 꼴, 거죽만 사내답고 마음속으로는 달콤한 감상 [...] 확실히 괴테에게는 비난할 점이 많습니다. 나도 사실 이 사람을 종종 비난해 왔지만 그렇다고 괴테를 이렇게 그린다는 것은 확실히 좀 지나치다고 봅니다.
>
> —— 제4권 82쪽

교수는 외적으로는 대단히 성실한 시민이고 "점잖고 선량한 남자"(제4권 76쪽)지만, 정치적으로는 편협한 애국주의 사상으로 세뇌되어 국수주의적 사고방식을 가지고 있는 사람이다. 할러는 교수를 다음과 같이 평하고 있다. "저기에 이 남자가 살고 있다, 하고 나는 생각했다. 매년 그는 그의 일을 계속하고 텍스트를 읽고 주석을 붙이고 아시아의 신화와 인도 신화와의 관계를 연구하면서 만족해한다. 그것은 그가 자신의 행동의 가치를 믿고 학문을 믿고 그의 노예가 되어, 자신의 단순한 지식과 축적의 가치를 믿고 있기 때문이다. 왜냐하면 그는 진보와 발전을 믿기 때문이다. 그는 전쟁을 체험하지 않았다."(제4권 79쪽) 할러는 〈검은 독수리〉라는 술집에서 만난 헤르미네와의 대화를 통하여 교수를 다음과 같이 평가하고 있다.

> 그(교수)도 대단한 애국자였고 전쟁동안에 국민을 속이는 일에 심혈을 기울였을 터이지요. 물론 자기로서는 정당한 일이었겠지요.
>
> —— 제4권 80쪽

헤세는 1926년 3월 중순에 친구 루트비히 핑크(Ludwig Finckh)에게 보내는 편지 속에서 교양시민계급에 대한 비판을 적고 있다. 이와 유사하게 할러도 교수와 같은 교양시민계급이 전쟁에 대해 냉정하고 이성적인 판단을 내리지 못하고 "어리석고 위험한" 의식을 갖고 있음을 지적한다. 핑크에게 보내는 편지에서 헤세는 국민들이 상부의 잘못된 판단에 반항하는 대신 어리석을 정도로 성실하게 황제에 대한 절대적인 믿음을 가지고 전쟁에 참여했음을 지적하고 있다.[6] 그리고 그는 교수와 같은 교양시민계급들의 잘못된 판단은 다음 전쟁의 발발 원인을 제공하는 것이라고 보고 있다. 할러는 헤르미네에게 다음과 같이 이야기한다.

그(교수)의 주위에 다음 전쟁이 준비되어 있는 것을 보지 못한다. 그는 유대인과 공산주의자들을 미워한다. 그는 선량하고, 천진난만하고 어린아이이며 부러워할만한 존재이다.

—— 제4권 80쪽

지도자들은 꾸준히 다음 전쟁을 준비하고 있고, 우리는 폭스 트로트 춤이나 추고 돈을 벌어서는 봉봉과자나 먹고 있는 거지.

—— 제4권 144쪽

인도주의적 관점을 고수하며, 전쟁을 일으킨 조국을 비판하는 할러의 눈에 교수는 조국에서 일어나는 일에 대한 객관적 평가를 내릴 수 있는 능력을 갖추지 못한 인물일 뿐이고, 다음에 일어날 전쟁을 의식하지 못하고 하루하루를 살아가는 소시민일 뿐이다. 헤세는 교수의 예를 통하여 독일인들의 왜곡된 그리고 상부로부터 세뇌된 애국심은 잘못된 판단에서 비롯된 것이고 이로 인해 전쟁이 일어났다고 판단하는 것이다. 그런 의미에서 헤세는 자신의 시대에 사는 시민 계급의 책임, 그리고 이들의 위선으로 인한 결과를 이야기하고 있다. 그러나 할리를 통해 헤세는 대중문화도 비판하고 있다.

대중문화와 기술문명 비판

헤세는《황야의 이리》속에서 산업화되고 대중화된 사회 현상에 대한 거부감을 표현하고 있다. 할러는 "오늘날의 사람들이 생각하고, 책을 읽고, 음악을 만들고, 축제를 즐기며 교육하는 방식"(제4권 144쪽)을 증오한다. 왜냐하면 할러는 인문주의적인 독일 교양 전통을 배운 사람으로, 동양과 아시아의 철학과 신화에 대한 관심을 갖고"(제4권 15, 76쪽) 있으며, "관념과 책을 상대하는"(제44권 14쪽) 지적인 인물이기 때문이다. 그는 미켈란젤로, 괴테, 장 파울, 노발리스, 도스토예프스키, 데카르트와 니체 등의 대가들을 존경한다. 그리고 또한 바하, 하이든의 "기품 있고 숭고한" "옛날의 음악 소리"(제4권 129쪽)[7]에 열광하고 있다. 그는 이탈리아 르네상스, 셰익스피어, "독일 사람들에게 잊힌 수 백 년 전의 독일 시인들의 책들"(제4권 36쪽)이나, "좋은 콘서트나 시인의 책을 읽을 때 황금빛 잔영이 그의 생을 비추어"(제4권 31쪽) 주는 것으로 생각한다. 또한 자연을 낭만화시켜(제4권 37쪽), 수채화를 그리는 주인공은 예술을 "피안으로 가는 문"(제4권 31쪽)으로, "그의 바보 같은 삶에 의미"를 주는 것으로 생각하는 "탐미주의자"(제4권 133쪽)이다. 그는 20년대의 자본화되어 가는 사회, 낯설고 혼란스럽게 보이는 대중문화의 세계와 마주하면서, 산업화되어 가고 있는 문화에 대한 아도르노(Theodor Adorno, 1903~1969)와 호르크하이머(Max Horkheimer, 1895~1973)의 저서 《계몽의 변증법(Dialektik der Aufklärung, 1944)》 중 〈문화 산업. 대중 기만으로서의 계몽주의(Kulturindustrie. Aufklärung als Massenbetrug)〉 장에서 처음 언급된 문화산업

비판과 같은 입장을 취하고 있다.[8]

미국의 새로운 문물은 자본주의로 포장하여 밀려들어오고, 기술 문명의 발달과 함께 이루어지는 문화의 전환기에서 헤세는 "자본과 권력"(제4권 145쪽)으로 정신적인 면이 사라지고, "반 평방미터마다 상점과, 변호사, 발명가, 의사, 이발사, 티눈 빼는 사람들이 광고를 내걸고"(제4권 36쪽) 있는 상업적인 도시만을 볼 뿐이다.

할러가 바라보는 동시대는 "한량들이나 향락인들의 세계, 대리석 테이블의 상투적인 세계, 재즈 음악과 창부의 세계"(제4권 118쪽)이고, "대중들"(제4권 34쪽)은 "여성 음악단 - 극장 - 영화관, 무도회"(제4권 34쪽)"같은 통속적 대중문화를 즐긴다. 그 속에서 그는 "낯선 사람들이 낯선 극을 공연하고 있는 무대"(제4권 38쪽)에 있는 것처럼 느끼면서, "그 어떤 동경이나 문제나, 생각이 없는"(제4권 120쪽) 동시대의 삶 속에서 낯설음만 느끼며 살아가는 고독한 아웃사이더이다.

기술 발전으로 인한 대량화 혹은 대중화에 대한 거부감은 두 시대의 충돌의 암호인 라디오로 상징화된다. 당시에 대중화된 라디오는 헤세에게는 진실된 예술과 문화에 대한 위협으로 느껴진다. 빠르게 확산된 라디오는 "악마의 함석으로 만든 깔때기"(제4권 220쪽)로 그에게 있어서는 잘못된 진보의 상징이다.[9] 잘못된 기술은 라디오를 발명시켰고, 라디오는 "자아와 목적으로부터 인간을 유리시키고 무용한 오락의 그물로 더욱더 인간을 옥죄는"(제4권 102쪽) 도구이다. 모차르트가 마술 극장에서 '끔찍한 기계'인 라디오를 틀자, 하리는 경악한다.

> "맙소사, 무슨 일을 하고 계십니까, 모차르트씨?" 나는 놀라서 외쳤다. 당신은 진심으로 당신과 나에게 이 끔찍한 일을 하고 계신 겁니까? 당신은 이 시대의 승리, 예술을 파괴하는데 그들을 이기게 한 마지막 수단인 이 끔찍한 기계를 틀고 계십니까? 그건 우리 시대의 전리품이요, 이 시대가 예술을 절멸시키는 전투에서 사용하는 최후의 효과적인 무기가 아닌가요?
>
> —— 제4권 198쪽

대중문화는 모든 영역 속으로 파고들기 시작하는 기술로, 복사되고 대량화되어 일회성의 아우라를 지닌 예술을 향유하고자 하는 사람에게는 고급 예술과 문화에 대한 위협으로 느껴진다. 할러는 "늙고 까다로운 음악애호가"(제4권 113쪽)로서 "라디오의 소유자인 라디오 가입자들이 음악이라고 부르는 기관지의 가래와 뜯겨버린 고무의 혼합물인 라디오"를 통해 "영혼이 없는 음악, 독을 품고 있는"(제4권 198쪽) 복제된 음악을 듣게 된 이러한 상황을 증오한다.

그는 미국 대중문화의 영향을 받아 "재즈음악과 현대 댄스음악"(제4권 113쪽)이 확산되고 향락적인 분위기가 나타나는 것에 대해 이의를 제기한다. 그에게는 과거 유럽의 드높은 문화는 이제 "망령에 지나지 않고 먼 옛날에 사멸해버려 다만 우리들 몇몇 어리석은 인간에게만 참이며 살아 있는 것으로 여겨지는 것"(제4권 39쪽)이다. 이 세계는 "거짓되고 저속한 시장의 광휘를 가진 문화가 한 걸음 한 걸음 마치 양철북처럼 이죽거리면서 다가오는 것이다."(제4권 27쪽)

헤세는 자신이 사는 시대의 여성들이 살아가는 삶의 형태에서 퇴폐(Dekadenz)를 발견한다. 헤르미네는 자신의 삶의 형태를 다음과 같이 고백한다.

> 나 같은 여자가 부호한테 고용되어 타이프라이터 앞에 앉아서 덧없이 세월을 보내고 돈 때문에 그런 부자와 결혼을 한다든지 혹은 창부 비슷하게 될 수밖에 없다는 것은 틀려버린 겁니다.
>
> —— 제4권 144쪽

헤세는 헤르미네의 말을 통하여 여비서들이 종종 돈 있는 남성의 성적 대상으로 전락하고 또한 여성들이 결혼을 할 때에도 사랑보다는 돈을 우선시하는 시대의 퇴폐적 경향을 지적하고 있다. 할러는 관념의 세계에 속하는 이로서 대중화되고 퇴폐적인 시대에서 소외감을 느낄 뿐이다.

《황야의 이리》 속의 대중문화는 미국의 재즈 음악으로, 기술문명은 마술극장의 〈자동차 대사냥(Hochjagd auf Automobile)〉 에피소드 속에서 친구이자 신학 대학 교수였던 구스타프(Gustav)가 총으로 쏘

아버린 미국산 "포드 자동차"(제4권 172쪽)로 상징화된다. 사회는 기술 문명으로 인해 더욱 빠르게 변하고 앞만 바라보는 발전이 인간의 삶을 더욱 황폐화시키고, 동시에 파괴의 충동과 살인에 대한 욕망을 갖게 할 것이라 헤세는 파악하고 있다. 헤세는 기술 문명으로 인한 현상들이 전쟁의 원인이 될 수 있음을 간파한다. 1926년 초에 성립된 시 〈자동차 전쟁〉[10]은 《황야의 이리》 속에 마술 극장의 〈자동차 대사냥〉과 연관되고 있다. 헤세는 인간의 파괴 충동을 다음과 같이 표현하고 있다.

자동차 전쟁

거리 위 모든 공장에서
남을 시기하여 삭막해진 담벼락 뒤편에서
수많은 기계들이 나지막하고 음험하게 그르렁거린다.
공장의 돈 버는 소리는 마치 노래 소리 같지만
오래지 않아
자동차들은 더욱 더 사악하고 날카로운 눈빛이 되리라.

자동차 경적소리는 더욱 더 커지면서 광폭해지고
공기는 먼지와 연기로 가득차고
그리고 우리들의 마음은 미움으로 가득 차리라,
그리고 시작되어, 마침내 전쟁이 시작된다!

자동차들은 우리를 광분 속으로 몰아넣어,
시멘트로 된 벽 주위에 우리를 울부짖듯 몰아세우고,
우리 주위를 달려, 우리의 머리와 손위로 지나간다,
기계들은 마치 악마와 같이 두렵구나, 그것들에게 저주 있을 지어라!
그것들은 이성으로 이루어졌지만
바보스럽고 아무런 의미가 없네, 이 짐승에게 부족한 것은
어리석음과 사랑, 꿈, 음악 환상!
기계들은 자신들의 창조자와 주인들과 마찬가지로
너무도 탐욕스럽고 너무도 빠르고 의미 없이 달려간다.
그것이 그들의 불행이 된다.

곧 인간이 기계를 압도하여
모든 기계들은 사라지니,
기계, 계산기와 공장 주인들도,
우리는 그들 모두를 찢고 부수리라.
자동차들의 현명한 발명자들이 그 바퀴 속에서 폭발하여,
죽어가는 거대한 코끼리에 의해 밟혀 죽게 되리라.
우리 기계들의 자손들은
살아남아 노래 부르며
황량한 폐허위에 나무를 심으리라.
그리고 바보 같은 기계의 무덤위에서 오래도록 춤을 추리라.

—— 제10권 285쪽 이하

〈마술 극장〉에서 할러가 경험하는 것은 자동차가 사람을 치어 죽이고 지나가는 광경이다. 〈자동차 사냥〉 에피소드를 통해 작가는 파괴적인 기계 문명의 세계로 치닫는 사회에 대한 거부감과 동시에 자동차가 사람을 아무렇지도 않게 죽이는 것처럼, 사람들도 죽이는 일로 희열을 느끼는 심리 상태를 표현한다. 헤세는 이러한 인간의 파괴 본능으로 말미암아 결국에는 전쟁이 일어날 수 있음을 예고한다. 〈마술 극장〉에서 할러는 구스타프를 만나고, 그가 사람을 죽이고 희열을 느끼는 것을 경험하게 된다. 구스타프는 원래부터 자신이 사람을 죽여야 하는 원죄를 지니고 있음을 할러에게 말한다. "어머니가 나를 낳았을 때 나는 죄를 짊어지고 살아야 한다는 선고를 받은 것입니다. 나라의 소유물이 되어 살인을 위한 군비를 위해 세금을 내도록 의무가 지워진 것입니다. 지금 이 순간에 그 죄가 다시 나타나서 일찍이 전쟁터에서 하던 살인을 또 하게 만들었습니다."(제4권 175쪽) 즉 〈자동차 전쟁〉이라는 시(詩)는 기술문명 비판과 동시에 새로운 전쟁에 대한 헤세의 경고를 담고 있다.

전쟁 예고

헤세는 1914년 11월 3일자 〈노이에 취리히 차이퉁(Neue Züricher Zeitung)〉 〈오 벗들이여, 이 곡조가 아니라!(O Freunde, nicht diese Töne)〉란 제목으로 실린 사설에서 독일인들의 광신적인 애국주의를 비판하고 있다. 헤세는 이 사설에서 독일인들에게 괴테의 세계주의의 의미를 이해하도록 촉구하고 국수주의에 입각한 잘못된 애국심이 전쟁을 지속하게 할 수 있음을 예언한다.(제15권 13쪽 이하) 이러한 헤세의 지적은 할러와 헤르미네와의 대화에서 반복된다.

> 누구도, 그 누구도 다음 전쟁을 막으려고 하지 않아. 누구도 자신과 자기의 자손들을 위하여 제2의 몇 백만의 살육을 막으려고 하지 않고 있어. 이 이상 더 값싼 방법이 없는 데도. 한 시간쯤 생각한 끝에 자기 자신으로 돌아가서 반성해 보고 자기가 얼마쯤 세계의 무질서와 악의에 책임을 느끼고 있는가를, 그 누구도 그런 생각을 해보려고 하지 않고 있어. 그러다가 그런 상태는 계속되어 다음 전쟁을 위하여 수천의 사람들이 매일같이 열심히 준비를 하고 있는 거야.
>
> —— 제4권 114쪽

헤세는 세계 1차 대전 전(前)과 전쟁 중에 군사력의 단계적 감축을 주장한 소수 중의 하나로 그 일로 인하여 여러 가지 면에서 공격을 받았던 사람이다. 1915년 〈쾰른 신문(Kölner Tageblatt)〉에 익명의 사설은 《황야의 이리》의 작가인 헤세에 대한 언급을 다음과 같이 하고 있다

> [...] 비겁자 헤르만 헤세는 조국을 팔아먹은 자로, 오래전에 그의 구두창에서 고향 땅의 흙을 마음속에서 털어내 버린 자이다.[11]

실제로 헤세가 일간지의 기사 속에 조국을 팔아먹은 이로 비난받은 사실은 《황야의 이리》 속의 교수의 집 방문 에피소드로 재현된다. 할러가 전쟁 반대론을 쓴 사설이 기고된 신문을 구독한 교수는 할러가 당사자인 것을 모르고 다음과 같이 비난한다. "그 사나이는 황제를 모욕하고 독일도 적국과 마찬가지로 대전의 발발에 책임이 있다고 하는 극악무도한 자이다. 그러나 그런 말을 했기 때문에 주필은 이 악당을 멋지게 한 대 먹였다는 말을 했다."(제4권 81쪽) 할러에게는 그러한 교수가 "군국주의자이자 전쟁 선동자"(제4권 81쪽) 인 것 같았다. 그는 전쟁을 비판하는 글을 신문에 기고하고 "평온, 인내, 인도주의 그리고 자아비판 따위의 글을 쓰면서 나날이 날카로워지고 어리석고 더욱 격렬해지는 국가 사회주의 선동에 저항하였다."(제4권 113쪽) 그런 할러를 교수는 "나쁜 놈이고 조국을 팔아먹는 놈"(제4권 81쪽)으로 비난한다. 또한 "독일 국가의 해충이다. 이 따위 인간과 이런 사상이 허용되면 불구대천지 원수인 적에 대한 보복대신에 감상적인 인도주의 사상을 퍼뜨려 청년들을 유혹하는 한, 나라의 화근은 끊어질 사이가 없을 것이다"(제4권 113쪽)며 할러를 지속적으로 모욕하는 사설이 실린 신문을 보면서, 그의 의중을 묻는 헤르미네의 질문에 그는 다음과 같이 대답한다.

아니 [...] 나는 이미 익숙해져 있어. 모든 사람이 거짓된 정치적 책임을 감출 것이 아니라, 어떤 잘못된 태만과 악습이 세계를 전쟁이라는 고통 속에 빠져들게 하였는지 스스로 연구해보아야 할 것이라고 나는 여러 번 말했었지. [...] 세상은 수 백 만의 죽은 사람들이 땅에 묻혀 있다는 것을 알아야 해.

—— 제4권 114쪽

"이 저서가 16년 전 해마다 조금씩 다가오는 전쟁에 대한 것임을 아는 이는 드물었다."라고 헤세는 1943년 독일 작가 레반도프스키(Herbert Lewandowsk, 1896~1966)에게 보내는 편지 속에 적고 있다. 1945년의 다른 편지에서는 다음과 같이 적고 있다. "나의 책들 중 한 권속에 나는 당시에 다가올 2차 대전에 대해 경고하고 불안해하며 경고하였다. 그러나 조롱만 당했다."[12] 헤세가 당시에 받은 외부로부터의 신랄한 공격은 할러에게서 재현되고 있음을 우리는 알 수 있다.

할러는 도덕적 - 정신적으로 몰락한 그 시대의 병을 느꼈기 때문에 "무서운 고립"(제4권 13쪽)과 "절망"(제4권 12쪽)을 느낀다. 할러와 헤르미네는 곧 다가올 전쟁을 다음과 같이 예고하고 있다.

조국의 삼분의 이나 되는 사람들이 매일 같이 준비를 하고 있어요. 설득당하고, 선동 당하고는 불평불만이 가득한 채로 말이지요. 그들의 목표와 결론은 결국에는 전쟁이지요. 과거의 전쟁보다 더욱더 끔찍한 다음의 전쟁이. 모든 것이 분명하고 간단하지요. 모든 사람들이

> [...] 한 시간만 생각해보면 그와 같은 결론에 도달하지요. 그러나 아무도 원하지 않아요. [...] 아무도 그의 자손들을 위하여 수백만의 살육을 막으려 하지 않습니다.
>
> —— 제4권 114쪽

> 당연히 전쟁은 일어나겠지요. [...] 슬픈 일이예요. 그러나 어쩔 수 없는 일이예요.
>
> —— 제4권 115쪽

> 전쟁은 수천의 사람들이 매일같이 열심히 준비를 하고 있기 때문이다.
>
> —— 제4권 114쪽

이러한 글을 통해 헤세는 놀라운 혜안을 가지고 1939년의 히틀러에 의한 세계 2차 대전을 예언하고 있다.

절망의 치유

《황야의 이리》에서도 헤세의 다른 작품들과 마찬가지로, 작가의 자서전적인 요소를 많이 찾아볼 수 있다. 《황야의 이리》가 사회적 - 개인적 문제로 인한 작가(혹은 주인공)의 갈등과 내면의 문제가 다루어지고 있기에, 종종 "영혼의 병"(제4권 23쪽)을 다루는 "현대 지식인의 병리적 전기(Pathographie des modernen Intellektuellen)"[13]로 간주되고 있다. 헤세는 전쟁을 반대하고 다음 전쟁이 일어날 수 있음을 경고하면서, 많은 심적 어려움을 겪었음을 핑크에게 보내는 편지 속에 다음과 같이 토로하고 있다.

> 자네가 나처럼 정당한 생각 때문에 자신의 조국의 모든 언론으로부터 십여 년 동안 지속적으로 나쁜 놈으로, 비겁한 놈으로, 조국을 팔아먹은 놈으로 낙인찍힌다면, 이 세상이 나에게 얼마나 낯설고, 우스꽝스럽게 보이는지를 자네도 공감할걸세.[14]

정치적인 문제 외에도 헤세는《황야의 이리》에서 갑작스럽게 변해가는 세계의 흐름 속에서 자신이 속하고 익숙한 세계에 대한 확신(제4권 24쪽)이 없어지자 당혹감과 절망감을 다음과 같이 표현하고 있다.

> 우리들의 문화의 세계는 하나의 묘지와 같다. 여기에 예수와 소크라테스 모차르트와 하이든도. 단테와 괴테도 녹슨 함석 조각에 그 이름이 씌어진 몽롱한 존재에 지나지 않는다. 이 함석 조각을 둘러싸고 서 있는 당황한 거짓 문상객들이 한 때 그들에게 신성한 것이었던 함석 조각의 존재를 여전히 믿을 수 있었다면 많은 것을 바쳤을 것이고, 최소한 이 사라져간 세계에 대하여 진정한 슬픔과 절망의 한 마디 진지한 말이라도 할 수 있었을 텐데.
>
> —— 제4권 78쪽

"두 시대, 두 문화, 두 종교"(제4권 24쪽) 사이에 끼어 번뇌와 불만이 가득한 고통스러운 삶을 영위하는 할러처럼[15] 한 때 찬란했던 문화가 적합한 대체물을 찾을 수 없을 때 사람들은 염세주의에 빠지게 된다. 할러와 헤르미네와의 대화에서처럼 다음과 같이 암울한 결론만을 도출할 수밖에 없는 것이다.

> 오늘날 생을 즐기며 살아가려는 사람은 당신이나 나 같은 사람이어서는 안되는 거예요. 서투른 음악보다는 진정한 음악을, 향락대신에 즐거움을, 돈 대신 영혼을, 직업대신에 진정한 일을, 유희보다는 진정한 정열을 바라는 사람에게는 이러한 아름다운 세계는 고향이 되지 못하는 거예요.
>
> —— 제4권 144쪽

헤세는 시대의 흐름에 적응하기 어려운 한 개인이 겪어야 하는 시대적 고뇌 외에도 《황야의 이리》를 집필한 시점에 인생의 전환기인 50세에 접어들어 느끼게 되는 건강의 문제, 그리고 지나쳐버린 젊음에 대한 향수를 언급하고 있다. 헤세 연구가 슈바르츠(Egon Schwarz)는 할러가 괴테(Johann Wolfgang von Goethe)의 《파우스트(Faust)》와 유사성을 지니고 있음을 지적하고 있다. 할러가 자신의 생의 정점에 이르러 문화적 교양과 학문적 능력의 최고점에 도달하였지만, 자신의 이러한 지적 능력에도 삶과 현실에 대해 역겨움만 느끼고 자살을 생각하고 있는 파우스트와 유사하다는 것이다.[16] 헤세의 이러한 개인적이고 내적인 문제는 《황야의 이리》가 성립되는 시기에 만들어진 시집 《위기(Krisis, 1928)》에서도 찾을 수 있다. 시집 《위기》 중 다음 부분은 이러한 헤세의 우울한 심정을 잘 표현하고 있다.

술집 노루에서 저녁을 보내고

사라져라, 광대여, 이 밝은 영역에서
그곳은 경솔함이 가득하고 청춘의 아름다움이 미소 짓는 곳이다.
그대의 모자를 써라, 이미 시계가 자정을 알리니,
집으로 가라, 늙은 바보여, 죽어버려라!
그때 나는 일어서서 가버렸다, 그들은 그것을 알아채지 못하니.
그리고 저기 밖의 운하의 물결에는 별빛이 흔들리니
나는 너무도 피곤하다. 그리고 나의 손은 뜨겁다.
내 집 앞에 낯 선 개가 한 마리 서 있다가
내 냄새를 맡더니 낯선 이에게로 도망가 버렸다.
나는 계단을 올라갔다, 모든 발걸음 마다 수백 파운드가 달린 듯
무겁기만 하다.
거울 속의 비치는 충혈된 눈동자
잿빛 머리, 나는 시들어 죽어간다.
아. 낯선 개가 나를 물어뜯는다.
이제 건강은 악화되었고 젊음은 다시 돌아오지 않으리라.[17]

'청춘의 아름다움'과 '젊음'은 다시 돌아오지 않음을 깨달은 늙은 할러의 마음이 우울하기만 한 것을 이 시는 적나라하게 보여주고 있다. 〈하리 할러의 수기〉에서 시대와 "개인적 고뇌"(제4권 24쪽)로 인해 고독하고 우울한 할러의 모습은 다음과 같이 표현되어 있다.

> 그 시절 이틀이 멀다하고 밤마다 외투를 걸치고는 거센 비바람을 맞으며 적의를 품은 듯 나뭇잎을 다 떨구어 버린 자연 속을 헤매고 다닐 때면, 얼마나 열에 들떠 고독과 우수의 분위기에 취해있었던가!
>
> —— 제4권 30쪽

그러나 음악을 사랑하는 헤세처럼 할러의 우울은 음악을 통해 치유된다.

> [...] 슬픔과 흥분이 뒤섞인 가운데 나는 이런 마지막 체험을 기억해 보려고 하였다. 그건 한 음악회에서의 일이었다. 멋진 옛 음악이 연주되고 있었다. 목관 악기와 협연으로 연주된 피아노곡의 두 박자 사이에서 불현 듯 피안의 세계로 가는 문이 열렸던 것이다. 나는 하늘로 날아올라 신이 일하는 모습을 보고, 행복한 고통을 맛보았다. 이 세상 아무 것에도 움츠려 들지 않았고, 이 세상의 어떤 일도 더 이상 두렵지 않았다. 모든 것을 긍정하고 모든 것에 마음을 바쳤다.
>
> —— 제4권 31쪽 이하

전통적으로 음악은 사람의 우울 증세를 심리적으로 힐링하는데 중요한 매체이다. 성경의 사울편(16장 14~23)에서도 사울의 우울증은 하인인 다윗이 연주하는 하프 소리에 힐링 되었다고 적혀있다. 할러는 우울뿐만 아니라 고독과 고립을 상징하는 이리와 같은 성향을 가진 인물이다. 우울의 속성에 속하는 상징적 동물은 개이며, 개와 유사하지만 인간과 같이 살지 않는 짐승이 이리이다. 우울한 할러는 시민 사회의 질서 외부에 서 있는 자로 사회적으로 조건 지워진 정체성과 존재의 위기를 느끼고 있다. 헤세는 고독하고 아웃사이더적인 이리와 같은 인물을 통해 시대와 개인의 문제를 제시한다.

《황야의 이리》의 주인공 할러는 50세가 되어 노년에 접어들게 되면서 점점 건강이 쇠약해지자, 자신의 실존의 문제를 어두운 충동의 세계인 밤의 세계에서 해결하려 한다. 밤의 술집에서 '거울 속에 비치는 충혈된 눈동자와 잿빛 머리'는 할러의 현재 상태를 잘 보여준다. 젊음이 다시 돌아오지 않음을 절실히 느낄 때 시적 자아는 그 상황을 극복할 방도를 찾아야 할 것이다. 이와 같은 위기에 직면한 할러는 자신이 속한 정신의 세계와는 전혀 다른 세계, 즉 헤르미네와 마리아(Maria), 그리고 파블로(Pablo)가 속해 있는 관능과 환락의 세계, 혹은 재즈 음악 세계에서 위로를 찾는다. 시집 《위기》 중 하나인 〈질투(Neid)〉의 내용은 할러가 구원을 찾는 세계를 말해준다.

질투

내가 밴조 기타를 연구할 수 있다면,
재즈 악단 속에서 색소폰을 불 수 있다면,
밤의 술집에서 댄서가 될 수 있다면,
사력을 다해 모든 이의 마음을 사려할 텐데.
향락과 황홀을 느끼며 즐거이 떠벌릴 텐데.
술집 여자에게 영웅과 이상적 남자가 될 텐데!
만족하여 나의 구부러진 관악기를 연주했을 텐데
그 사이 환호하며 노래하며,
후덥지근한 방에서 감격하여 날카롭게,
나는 놀라운 소리를 내뿜었을 텐데,
취해버려 소란하게 박자를 맞췄을 텐데,
그리고 바알신에게 춤을 바쳤을 텐데.

그러고 나면 나는 이방인도 손님이 아니며,
나는 아스타르테[18] 여신의 사제가 되어
음악의 궁전이 나의 고향이 되어
나는 그 속에서 자주 걱정에 싸여 살며시 빠져나와
나는 그 앞에서 그렇게 오랫동안 걱정에 싸여 기다렸다.
너무 늦었다, 이제 끝났어! 나는 그곳에 갈 수 없어.
광채를 발휘하는 이여, 이 지상의 신들이여!

나는 고독하고 몸이 약해. 나는 알지 나는
이러한 행복한 이들과 예술가와 같아질 수 없어.
나는 이방인이고 수줍은 손님일 뿐이야,
나는 관람하고 밖에 서 있는 것으로 만족하며
댄서, 밴조, 색소폰을 부러워하네.
즐거운 축제를 슬픈 듯 바라보아야 하네.
다른 이에겐 우스꽝스럽고 나에게도 증오스러운
나의 노래의 손풍금이 돌아가게 해야 하네.[19]

독일 고전주의 음악을 좋아하는 할러에게 "생고기에서 나오는 김과도 같이 강렬하고 조야한"(제4권 38쪽) "재즈와 현대의 무용 음악"(제4권 113쪽)은 "바하와 모차르트와 진정한 음악가들과는 비교할 수 없는"(제4권 38쪽) 것이다. 그러나 클래식을 좋아하던 할러가 헤르미네에게 폭스트로트(Foxtrott) 춤을 배우고, 마리아에게서 관능의 세계를 접하고 즐긴다. 그가 머무는 곳은 역설적이게도 그 자신이 철저히 거부했던 "더럽기 그지없는"(제4권 38쪽) 세계였다. 그의 현재 상태는 미친 세계를 보여주는 리듬, 즉 색소폰의 울부짖는 소리, 북소리, 밴조 등과 같은 춤추는 거대 도시의 발걸음과 욕망으로 표현되었다. 그는 고대 페니키아의 풍요와 생식의 여신인 "아스타르테(Astarte)"의 사제가 되었다. 삶에 염증을 느끼며 마음이 병든 주인공은 자신의 광증과 동경의 통풍관이 되는 재즈음악 속으로 빠져든다. 그러한 재즈의 세계를 대표하는 파블로는 할러의 그림자 같은 존재이다.

헤세 연구자 후버는 다음과 같은 결론에 도달하고 있다. "할러의 사회적 시도는 그의 개인적 신경병의 중립화일 뿐만이 아니라, 현실 연관의 획득이다. [...] 《황야의 이리》라는 소설은 내면이 승리를 거두는 것이 그 보상임을 보여주는 것이다." 후버는 "이 수기는 시대의 병을 회피하거나 미화하는 것으로 극복하려는 것이 아니라 병 그 자체를 대상으로 하여 시대의 병을 극복하려는 하나의 시도"[20]라고 평가했다. 즉, 이 작품은 주인공이 지옥을 순례하면서, 때로는 불안하게 때로는 용감하게 칠흑의 어둠에 싸인 영혼의 세계를 지나가기도 하고 지옥과 같은 혼란의 세계에 대항하여 이를 뚫고 나가면서 견디어내려는 의지를 보여준다. 후버가 이야기하듯, 할러는 비난하기만 하였던 미국 음악의 가치를 인정하게 된다. 그는 마지막 화해와 동화(同和)의 길을 열어 놓고 있다.

> 미국의 노래에 대한 마리아의 어린아이와 같은 감동은 트리스탄에 대한 학교 교사의 감동이나, 교향곡 9번에 대한 악장의 도취와 똑같이 순수하고 아름다우며 하등의 의심조차 필요 없는 숭고한 예술 체험이 아니겠는가.
>
> —— 제4권 133쪽 이하

헤세는 《황야의 이리》를 "믿음의 책"으로 보고 내면의 문제를 드러내는 자신의 위기나 "절망"을 "힐링"[21]하고자 한다. 그리고 헤세는 그 결정적 해결책을 유머에서 찾고 있다. 헤세는 다음과 같이 이야기한다. "성자와 방탕아를 동시에 긍정하여 두 극단을 서로 양보케 할 수 있을 뿐만이 아니라 시민까지도 긍정할 수 있게 하는 것이다.[...] 유머만이 이 불가능한 일을 가능케 하며 그 프리즘의 빛으로 인간 존재의 모든 영역을 덮어 결합하게 하는 것이다. 현실에 살면서도 현실이 아닌 것으로, 법을 지키면서도 그것을 초월하고 소유하면서도 소유하지 않는 것처럼 포기하면서도 포기하지 않는 것처럼, 이 처세술의 요구를 실현할 수 있는 것은 유머뿐이다."(제4권 57쪽 이하) 그는 고전과 현대의 그리고 대중음악에 대하여 원칙적으로 등가성을 찾고, 이러한 화해를 통하여 작가는 죽음이나 몰락에서 구원된다.[22] 헤세 연구가 크노이퍼만(Volker Knäufermann)이 "비판과 동화가 서로 싸우고 있다."[23]라고 지적하듯이 《황야의 이리》에서 주인공은 대단히 날카롭게 시대의 풍조를 비판하면서도 시대적 현상과 화해한다.

유머의 의미

할러는 자신의 "한 때 피난처였던 카페 슈탈헬름(Stahlhelm)"(제4권 151쪽)에 머물러 있다가 가장무도회에 참여하려 한다. 가장무도회가 시작되기 전, 아직 시간이 있던 할러는 극장에 간다. 영화의 내용은 구약성서에서 이스라엘 백성을 이끌고 이집트를 탈출하기 위해 홍해를 가르고, 향락에 빠진 백성을 구하기 위해 시나이(Sinai) 산에 올라 "음울한 바위산"에 서서 여호와로부터 십계명을 받은 모세의 이야기이다. 할러는 모세도 "우울한 영웅"(제4권 153쪽)이자 아웃사이더임을 발견한다. 가장무도회에 참여하는 것에 대해 "은근한 주저와 내면의 혐오감"을 가지고 있던 할러는 영화를 보고 나서 "불쾌감이 더욱 커진다."(제4권 154쪽) 그러나 자신을 마술 극장으로 초대한다는 번호표를 받고서, 할러는 주위 사람들에게서 동질감을 느낀다.

그는 가장 무도회에서 마리아와 만나 춤을 추고 다시 헤어지고, 그 후 남장한 헤르미네를 만나기도 하고 그 외에 다른 많은 여성들과 춤을 추기도 한다. 할러는 그로테스크한 가면을 쓴 사람들이 북적거리는 축제를 즐기며 행복해 하면서 "무리 속에 끼인 개체의 몰락의 비밀, 환희의 신비로운 합일의 비밀(제4권 159쪽)"을 느낀다. 또한 그는 "자신의 구속에서 벗어나 환희에 빛나면서 파블로의 형제가 되고 어린아이(제4권 161쪽)"가 된다. 삶에 대한 할러의 염증이 축제의 도취 속에 사라진다.

축제가 끝이 나고 할러가 냉정해져 주위를 둘러보자, 파블로와 헤르미네는 현실을 마술 세계로 전환시킨다. 할러는 마술 세계 속에서 거울을 통해 자신의 다양한 모습, 자동차 사냥, 조련사, 어린 시절의 여자 친구들과의 추억 등 여러 가지를 체험한다. 할러의 꿈의 세계가 와해되는 외적인 상황은 그가 벌거벗은 헤르미네와 파블로가 함께 포옹하고 침대에 누워있는 것을 본때이다. 할러는 질투심에 헤르미네를 살해한다. 그 후 두려움에 떨던 할러는 모차르트를 만나게 된다. 여기에서 모차르트는 시간과 공간, 위기와 고뇌 밖에 있는 밝은 공간을 구현하는 인물로 등장한다. 처음에 모차르트의 마적인 웃음은 할러에게는 두려움을 야기 시켰다. 그러나 모차르트는 할러에게 야유자이면서 동시에 삶의 스승이 된다. 그리고 모차르트는 할러가 싫어했던 라디오의 실질적인 현상을 통해 삶에 대한 교훈을 준다.

> 자네는 인생의 라디오 음악에 귀 기울일 줄 알아야하고, 그 뒤에 숨은 정신을 존중해야 하고, 거기서 야단법석을 비웃을 줄 알아야 하네.
>
> —— 제4권 202쪽

니체는 저서 《비극의 탄생(geburt der Tragödie, 1872)》 중 〈자아 비판의 시도(Versúch einer Selbstkritik)〉 장에서 유머의 개념을 다음과 같이 말하고 있다. "그대들은 현세의 위로의 예술을 우선 배워야 할걸세. - 그대들은 웃는 법을 배워야 하네."[24] 헤세는 학습극 〈하리의 처형(Harrys Hinrichtung)〉에서 모차르트의 말을 통해 니체 의미의 유머를 반복하고 있다. "자네는 웃는 법을 배워야 하네. 그걸 요구받고 있지."(제4권 202쪽) 진정한 웃음을 배운 사람은 대립을 고뇌 없이 수용

할 수 있을 것이다. 모차르트가 말하는 유머는 카페 '검은 독수리'에서 잠이 든 할러의 꿈속에 등장하는 괴테가 한 말의 의미와 일치한다.[25]

> 우리처럼 불멸하는 사람들은 진지한 것을 좋아하지 않네. 우리는 즐거운 것을 좋아하지. 젊은이 진지함이란 시간의 문제네.
>
> —— 제4권 96쪽

할러는 모차르트와 괴테를 통하여 유머의 의미를 배우고, 유머가 삶의 모든 현상을 화해시키며 삶 속에서 힘을 발휘하여 인간의 마음을 힐링할 수 있는 원천임을 깨닫는다.

소설 텍스트와 영화 〈황야의 이리〉

《황야의 이리》는 미국 출신의 감독인 프레드 하이네스(Fred Haines, 1936~2008) 감독에 의해 1974년 영상화되었다. 하이네스 감독은 〈율리시즈〉라는 작품으로 1968년 오스카상을 수상하기도 한 경력을 지니고 있으나 다작을 하지 않은 감독이다. 상영 시간은 총 1시간 41분이며, 8개의 시퀀스로 구성된다.

영화의 구성은 다음과 같다. 첫 번째 시퀀스는 할러의 독백에서 시작하여, 할러가 〈황야의 이리론. 미친 사람만 볼 것〉을 가지고 있는 남자를 만나는 장면으로 영화의 도입 부분이다. 두 번째 시퀀스는

영화 〈황야의 이리〉 中

감독은 할러의 내면세계에 많은 시간을 할애하고,
주인공의 내면세계를 보다 효과적으로 표현하기 위하여
여러 가지 특수 효과를 많이 사용했다.

〈황야의 이리론〉 부분이다. 세 번째 시퀀스는 장례식 장면과 교수의 집 방문이다. 네 번째 시퀀스는 할러가 거리에서 방황하는 장면과, 헤르미네와의 만남 그리고 괴테와의 만남 부분이다. 다섯 번째 시퀀스는 가장 긴 장면으로 '검은 독수리'라는 술집에서 할러와 헤르미네와의 만남에서부터 시작하여 파블로, 마리아와의 관계에 대한 것을 말해준다. 여섯 번째 시퀀스는 무도회장 장면이다. 일곱 번째 시퀀스는 마술 극장 에피소드이다. 여덟 번째 시퀀스는 할러의 처형 장면이다.

원작이 대단히 많은 에피소드와 내면의 소리와 꿈들로 이루어졌기 때문에, 시퀀스로 구분하는 시도는 대단히 어렵다. 특히 다섯 번째 시퀀스에서의 헤르미네와 마리아 그리고 색소폰 연주자 파블로와의 에피소드에 대단히 긴 시간이 투여되고 있다. 그러나 이 사건 속에서 할러가 외부 세계와의 교류를 가장 많이 하고 있으며, 이 시퀀스는 내면의 이야기를 다루는 다른 장면과 달리 대단히 밝은 조명으로 처리되었다.

이 영화는 할러의 내면세계에 많은 시간을 할애한다. 감독은 내면의 세계를 표현하기 위해서 주인공의 얼굴을 클로즈업하는 장면을 많이 포함시키고 있다. 그리고 소설 속에서도 언급되듯이 할러는 '밤'의 사람이기 때문에 감독은 주위의 장면을 대단히 어둡게 처리하고, 주인공의 얼굴에만 조명을 비추고 있다. 자살을 생각하고 방황하는 장면에서는 할러의 내면을 그리기 위해, 우물가에서 방황하는 장면을 광각 렌즈를 써서 대단히 왜곡된 장면으로 처리하여 흔들리는 그의 심리 상태를 표현하였다. 또한 내면을 다루는 소설 분위기를 살리기 위하여 대단히 몽환적으로 처리된 장면이 많다. 대표적인 예가 술집 장면에서 담배 연기를 자욱하게 처리한 것이다. 특히 괴테의 집을 방문하는 꿈을 꾸는 장면에서는 꿈을 연상하도록 하기 위해, 괴테의 움직임을 촬영하는 데 영상의 180도 법칙을 깨고 혼란스럽게 보이도록 하였다. 괴테 집에서의 괴테와의 만남 장면이나 〈마술극장 이야기〉 부분은 주인공의 환상을 잘 표현하기 위하여 합성 처리를 하였다. 마술 극장의 처음 장면에서는 헤르미네와 파블로가 말하는 대목을 몽상적으로 처리하기 위해 후시 녹음(後時錄音)을 사용했다.

감독은 〈황야의 이리론〉 부분을 애니메이션으로 처리하여 관객들이 쉽게 접근할 수 있도록 하였다. 또한 감독은 무도회장의 음악 효과를 우수하게 표현하여 주인공의 내면의 심리를 표현하였다. 감독은 소설 속의 가장무도회에서 할러가 폭스트로트의 춤을 추며 "도취적 행복"(제4권 161쪽)에 겨워 이 여자 저 여자와 춤을 추다가 헤르미네와의 "혼인 무도곡"(제4권 162쪽)을 추는 장면을, 주인공과 마리아가 춤추는 장면으로 표현한다. 소설 속에서 할러가 시간을 잊을 정도로 춤에 도취해 행복감을 느끼는 부분을 영화에서는 가장무도회의 시끄러운 음악 소리를 주인공의 내재적인 음악으로 처리하고 있다.

감독은 주인공의 내면세계를 보다 효과적으로 표현하기 위하여 여러 가지 특수 효과를 많이 사용했다. 감독은 소설《황야의 이리》에서 보여준 헤세의 현대 문명 혹은 기계 문명에 대한 거부감을 빨리 달리는 자동차가 사람을 위협하는 것으로 처리하고 있다. 즉 헤세의 작품 속 〈자동차 대사냥〉 부분에서 자동차가 사람을 죽이는 장면을 영화의 앞부분으로 처리하여 할러가 급하게 지나치는 자동차로 인하여 위험에 처하는 장면으로 처리하고 있다. 또한 소설 속에서 파블로가 할러에게 갑작스럽게 나타나 돈을 빌려달라고 하며 할러에게 당혹감을 안겨주는 에피소드를 감독은 특이하게 처리하고 있다. 즉 파블로가 자동차를 타고 할러에게 다가오고, 그때 자전거를 타고 있는 낯선 이를 뒤편에서 지나가게 처리하고 있다.

감독은 할러의 현대문명세계에 대한 거부, 내면의 세계, 헤르미네, 마리아와 파블로와의 감각적이고 관능의 세계에 대한 경험 부분에 대단히 많은 시간을 투여하면서, 할러의 내면의 세계와 외부를 분리시키고 있다.

헤세의《황야의 이리》는 고독한 예술가이자 예민한 개인이 사회 속 제 현상과 대상들을 관찰하는 예술가 소설[26]에 포함된다. 주인공 할러는 전쟁 후 사회의 제 문제와 개인의 존재론적 위기감으로 염세적인 아웃사이더가 될 수밖에 없다. 그렇기 때문에 느끼는 절망감을 그는 꿈속의 괴테와의 대화에서 "인간 생활의 의혹과 절망"(제6권

94쪽)이라 표현한다. 그리고 "낙천주의"(제4권 95쪽)를 표방하는 괴테를 비난하기도 한다.

주인공이 아웃사이더로서 시대의 문제를 날카롭게 분석하면서 또한 자신의 문제를 깊게 성찰하기 때문에 《황야의 이리》는 "현대 지식인의 병리적 전기"로 평가되고 있다.[27] 헤세는 작품 속에서 사회적 문제를 교양 시민 계급, 대중문화 비판 그리고 사회 속에 잠재되어 있는 전쟁발발 가능성의 문제로 파악한다. 헤세는 시민 계급의 위선과 그 시민 계급을 대표하는 교수의 국수주의적 사고방식을 비판한다. 또한 헤세는 산업화되고 자본주의화 되는 사회의 퇴폐적인 분위기에 절망하고 대중문화의 등장에 당혹해 한다. 헤세는 산업화된 사회를 라디오와 자동차로 상징화시키고 있다. 헤세는 기술문명으로 등장한 라디오가 거짓되거나 혹은 복제된 소리를 대중에게 들려준다고 보고, 자동차는 인간의 파괴 본능을 부추긴다고 파악한다. 헤세는 이러한 시민 계급의 잘못된 사고방식과 현대 문명의 폐해가 전쟁의 발발 원인이 되고 있다고 판단한다.

할러는 인류의 모든 이를 대표해 고뇌하며 "제임스 조이스의 율리시스처럼 도시"를 여행하며 시대와 개인의 문제를 체험하고 기록한다. 또한 헤세가 융에게 심리 치료를 받아 힐링되었듯이 할러는 자신의 심리 상태를 표현한 〈마술 극장〉에서 "무의식의 혼란"[28] 속을 여행하며 여러 가지 시대와 개인의 문제를 암시적으로 토로하고 힐링을 구한다. 〈마술 극장〉에서 헤세는 삶에서 발생되는 모든 영혼의 문제에 대해 유머를 힐링의 한 방법으로 자신과 독자에게 제시하는 것이다.

5부

자아인식과 자아실현의 과정
___ 나르치스와 골트문트

5부 자아인식과 자기실현의 과정 ___ 나르치스와 골트문트

작품 구성

양극성의 이념: 정신(나르치스)과 자연(골트문트)

인간의 의지

독일의 평론가 쿠르티우스(Robert Curtius, 1886~1956)가 헤세의 작품 중에 가장 아름다운 책이라 말하고, 작가 토마스 만(Thomas Mann, 1875~1955)이 "순수함과 흥미로움으로 인해 독특한 소설"로 칭찬한 《나르치스와 골트문트(Narziss und Goldmund, 1930)》는 출간 첫 해에 사만 권이 팔렸고, 40여개의 언어로 번역되어 1973년까지 칠십만 권 이상이 팔려 헤세의 소설 중 가장 많이 팔린 책 중에 하나이다.[1] 《나르치스와 골트문트》를 이해하는 데 가장 중요한 테마는 헤세 연구의 핵심 테마이기도 한 정신과 자연의 양극성의 이념이다.[2] 《수레바퀴 밑에서(Unterm Rad, 1906)》에서부터 헤세 작품의 주인공의 삶은 양극성의 개념[3]으로 점철되었다. 정신(이성, 아버지의 세계, 아니무스)을 상징하는 인물은 나르치스가, 자연(감각, 어머니의 세계, 아니마)은 골트문트가 상징하며, 정신(나르치스)과 자연(골트문트)은 서로 영향을 주고받는다. 나르치스와 골트문트라는 두 사람은 정신과 자연이 서로 대립하고 교류되는 과정을 통하여 진정한 자아를 찾아가면서, 자아인식과 '자기실현(자기구현)[4]'을 이룩한다. 우선 헤세의 양극성인 정신과 자연의 의미를 살펴보자.

작품 구성

중세의 수도원을 배경으로 나르치스와 골트문트의 우정과 삶, 그리고 정신과 자연의 두 세계에 대한 이야기가 모두 20장으로 다루어진 작품이다. 1장에서 5장까지는 수도원에서의 나르치스와 골트문트의 관계가 묘사되어 있고, 6장부터 16장까지는 속세에서의 골트문트의 방랑 생활이 묘사되어 있다. 17장에서 20장까지는 골트문트와 나르치스가 재회하고, 마지막에는 나르치스의 품에서 골트문트가 죽음을 맞이하는 것을 다루고 있다.

양극성의 이념: 정신(나르치스)과 자연(골트문트)

인간의 인식 능력을 정신과 자연으로 양극화하는 경향은 헤세 이전에 이미 칸트(Immanuel Kant)의 쾨니히스베르크 교수취임 논문《감성계와 지성계의 형식과 원리들(De mundi sensibilis atque intelligibilis forma et principiis, 1770)》에서 나타나 있는바, 칸트는 이 개념을 자신의《순수이성비판(Kritik der reinen Vernunft, 1781)》에서도 전개시키고 있다. 그는 지성(이성, 정신)과 감성(시간과 공간의 개념에 근거)을 인간의 인식 능력의 두 개의 극으로 설명하고 있다.[5]

헤세는 자신의 시 〈숙고(Besinnung, 1933)〉에서 그의 근본적 테마인 삶 속에 내재되어 있는 두 개의 대립된 개념인 정신과 자연, 영속(Dauer)과 생성(Werden), 그리고 그의 합(Synthese)을 다음과 같이 표현하고 있다.

정신은 신성하고 영원하다.
우리가 형상과 도구인 정신으로
우리의 정신은 나아가도다;
우리의 마음 속 깊은 곳의 동경이 정신과 같이 되어라,
그의 속에서 빛을 발하여
그러나 우리는 땅 위에 죽어야 할 운명이니
우리 피조물에게 어려움은 항상 짓누르고 있으니.
자연은 고귀하고 그리고 어머니처럼 우리를 감싸고 있도다.
대지는 우리를 양육하고 요람과 무덤은 우리를 잠재우니
그러나 자연은 우리에게 평온을 주지 않으니.
아버지다운
불멸의 정신의 불꽃이
모성의 마법을 뚫고 지나가
아이를 남자로 성장시키네.

—— 제10권 324쪽

《나르치스와 골트문트》의 양극성은 이미 제목에서부터 드러난다. 헤세 연구가 니콜라이(Ralf R. Nicolai)는 나르치스와 골트문트의 양극성을 작품 첫 부분에 나타나는 건축구조에서 찾고 있다. "마리아브론 수도원 입구에는 이중의 원주로 받쳐진 아치형 문 앞 길가에 바짝 잇대어 밤나무 한 그루가 서 있다."[6] 《나르치스와 골트문트》가 문학지 《새로운 전망(Neue Rundschau)》에 1929년 10월부터 1930년 4

월까지 소개되면서 '우정의 이야기(Geschichte einer Freundschaft)'라는 부제목이 달렸던 것처럼,[7] 골트문트보다 몇 살 위인 나르치스는 어머니와 형제가 없이 아버지에 의해 성장한 골트문트에게 친구이자 스승으로서, 두 사람은 남다른 우정을 나눈다. 제4장에서 나르치스는 두 사람의 본질이 서로 상반됨을 골트문트에게 다음과 같이 설명한다.

> 우리들은 말하자면 태양과 달이며 바다와 육지야. 우리들의 목표는 하나로 결합하는 것이 아니라 오히려 서로를 인식하고 서로를 통찰하고 서로 존경하는 것을 배우는 것이지. 상반되는 것이 무엇이며 서로 보완할 것이 무엇인가를 말이지.
>
> —— 제4권 303쪽 이하

제1장에서 나르치스는 다니엘(Daniel) 원장과 대화를 나누면서, 자신이 "다른 사람들의 본질이나 성품에 대해 느낄 수 있는 능력"(제4권 275쪽)을 가지고 있음을 토로한다. 나르치스는 "날카로운 관찰력"과 "고귀한 품성"을 지닌 "사색가이자 분석가"(제4권 282쪽)이다. 나르치스에 반해 단순하고 아직은 어린아이 같은 골트문트는 마치 "성자"(제4권 281쪽)와도 같은 나르치스의 면모에 매혹되어 그의 친구가 되고 싶어 한다. 골트문트는 자신의 본성을 찾을 시도조차 못하고, 자신의 내면에 자리 잡고 있는 정신과 자연의 양극성 사이에 갈등한

다. 나르치스는 이러한 친구의 상황을 정확하게 인식하고 있다. 제5장에서 골트문트와 그의 부모와의 관계가 드러난다. 관리였던 골트문트의 아버지는 무희와 결혼하였으나, 그녀는 불성실하였고 결국 아버지를 떠나버렸다. 이런 가정환경에 의하여, 골트문트는 15세의 나이로 수도원에 입학하여, 아버지에 대한 어머니의 죄를 속죄하는 의미로 수도승이 되어 금욕적인 삶을 살겠다는 의무감을 갖게 되었다.

제2장에서 골트문트는 아돌프(Adolf), 콘라드(Konrad) 그리고 에버하르트(Eberhard) 등 몇몇 친구들과 함께 밤에 수도원을 빠져나가, 한 소녀와의 입맞춤을 경험하고는 죄의식 때문에 병에 걸리고 만다. 그리고 이러한 사실을 나르치스에게 털어놓는다. 나르치스는 골트문트가 성직자의 삶을 영위하기에 적합하지 않은 인물이며, 그의 세계가 자연의 형상, 즉 기독교적인 면에서 태모인 이브의 세계에 속하고 있음을 인식하고 골트문트를 도와주려고 한다. 융의 심리학에 따르면 태모의 부정적 원칙은 "비밀스럽고 감추어져 있는 어두운 것, 심연, 죽은 자의 세계, 삼키고 유혹하며 중독시키는 어떤 것, 운명처럼 피할 수 없으면서 두려운 것"[8]이다. 태모(여성적 원칙)와 대립되는 다른 세계는 남성적 원칙, 즉 로고스의 세계이다. 여기에는 "보편성, 정신적인 주입, 명료성과 합리성의 개념이 포함된다."[9] 나르치스는 후자에 속하는 인물이다. 나르치스는 골트문트가 나아갈 길을 다음과 같이 말한다.

> 그 젊은이가 갖고 있는 온갖 생명력과 빛은 분명히 이렇게 말해주었다. 벗은 감각과 영혼에서 재능이 넘치는 강한 인간이 소유할 수 있는 온갖 특성을 지니고 있다. 말하자면 예술가로서의 특성이라고도 할 수가 있는데, 어떻든 그런 위대한 사랑의 힘을 소유한 인간은 그 속에 그의 천명과 행복이 있어서 쉽게 점화되며 거기에 헌신할 수가 있다. 그런데 그토록 섬세하고 풍부한 감각을 지닌 사랑스러운 인간이, 꽃향기와 아침의 태양, 언어와 새들의 비상이나 음악을 즐기고 사랑해야 마땅할 젊은이가 왜 성직자가 되어 고행의 길로 들어서겠다고 고집하는 것인가?
>
> —— 제4권 298쪽 이하

나르치스는 골트문트의 아버지가 그로 하여금 아버지적인 것과 어머니적인 것, 즉 정신과 본능(자연) 사이에서 갈등하게 하였음을 파악한다. 나르치스는 골트문트가 자신의 아버지로 인하여 "여자 속에, 성(性)속에 '세속'이니 '죄악'이니 하는 그 모든 것이 포함되어 있는 것으로 느끼고 있어"(제4권 295쪽) 그의 의식 속에 죄의식이 자리 잡아 자신의 본질을 파악하지 못하고 있음을 꿰뚫어보고 다음과 같이 이야기한다. "어떤 악마가 작업을 시작해서 그 음험한 적이 그 훌륭한 인간의 내부에서 분열을 획책하여 근원적인 본능과 싸우도록 하는데 성공했는지 모르겠다."(제4권 297쪽) 나르치스는 골트문트가 어떤 유형의 인간이 되어야 하는지를 알고 있다. "그 배후에 있는 것은 인류의 태모인 이브였다."(제4권 297쪽) 나르치스는 아버지에 의해 억제된 어머니적 성향인 감각, 즉 자연을 골트문트의 마음속에 일깨우려 한다.

> 너의 본질은 모성적이야. 너희들은 충일 속에서 살고 있어서 사랑하고 체험하는 힘이 부여되었기 때문이야. 하지만 우리 같은 정신적인 사람들은 때때로 너희들을 이끌어가고 지배하는 것 같아 보이지만 충일 속에서는 살지 못하는 거야. 우린 메마른 생활 속에서 살고 있어. 충실한 삶, 즙이 흐르는 과일, 사랑의 화원, 아름다운 예술의 나라는 너희들의 것이야. 너희들의 고향은 대지이지만 우리들의 고향은 관념이야. 너희들의 위험은 감각의 세계에 빠지는 것이지만 우리들의 위험은 진공상태에서 질식하는 것이야. 너는 예술가이고 나는 사색가야. 너는 어머니의 품속에서 잠을 자지만 나는 황야에서 잠을 자는 거야. 내게는 태양이 보이지만 네게는 달과 별들이 보이는 거야. 네 꿈에는 처녀들이 나오지만 내 꿈에는 소년들이 나오는 것이고 [...]
>
> —— 제4권 305쪽 이하

골트문트는 나르치스의 말에 너무도 강력한 충격을 받아, 마치 살인을 당하거나 살인한 것처럼 느낀다. "누가 그를 죽인 것입니까? 아니면 그가 살인을 한 것입니까?"(제4권 306쪽) 어머니의 힘은 그를 방황하게 하며, "빛에 이르는 길도, 이성에 이르는 길도 없고, 오직 상처만이 쑤셨다." 수도원의 아치에 새겨져 있는 "개와 이리로 조각한 석상"과 "세 마리의 동물 머리"(제4권 307쪽)가 부각되며 골트문트는 의식을 잃는다. 이런 과정을 통하여 골트문트의 과거의 정신세계는 상징적으로 죽고, 그의 의식은 다시 부활하여 자신이 잊고 있던 어머니에 대한 꿈을 꾸며 어머니의 형상과 연관된 의미를 알게 된다.

> 거기서 그 여인을 보았다. 키가 크고 빛나는 여인, 꽃이 만발한듯한 입술과 빛나는 머리칼의 여인. 그것은 그의 어머니였다. [...] 어머니! 쓰레기 더미, 망각의 바다는 저 멀리 사라져버렸다. 밝고 푸른 여왕 같은 시선으로 이미 죽어버린 그 여인은 그를 바라보았다. 말로는 다 할 수 없는 사랑하는 여인이.
>
> —— 제4권 313쪽

다시 정신을 차린 골트문트는 자신의 어머니적인 성향을 받아들이고 자신의 이러한 생각을 나르치스에게 다음과 같은 말로 표현한다.

> 그리고 어머니의 영상과 나란히 선 아버지의 모습이 별안간 왜소하고 가련한 존재가 되어 거의 불쾌감을 주기까지 한다는 사실을 알게 되었습니다. 그리하여 이제는 무엇이든 정신적인 것은 아버지적인 것이라 생각하고, 그것은 어머니의 것이 아니며 어머니와 적대되는 것이고, 별로 존중할 가치가 없다고 생각하기에 이르렀습니다.
>
> —— 제4권 320쪽

자신의 본질을 알게 된 골트문트는 수도원 밖에서 고추나물(Johanniskrat)을 한 아름 모아오라는 안젤름(Anselm) 신부의 부탁을 받아 자연 속으로 나갔다가, 집시여인인 리제(Lise)를 알게 된다. 그리고 골트문트는 감각의 다양한 세계를 보여주는 자연의 세계를 인식하게 된다. 골트문트는 문자보다 길가의 꽃이나 벌레가 더 많은 의미를 가지고 있음을 알게 되고, 문자를 물고기, 대양이나 파도로 혹은 새롭게 변화시킬 수 있음을 알게 되었다. 그리고 그는 단조로운 정신세계에서 벗어나, 다양한 가능성의 세계를 보여주는 감각의 세계를 경험하기 위해 수도원을 떠난다. 이렇게 골트문트에 대한 나르치스의 역할은 충족되고, 그들은 서로 헤어져야만 한다. 골트문트는 본능과 감각 세계의 길을 간다. 그는 동물이 되고 싶다는 생각까지 하게 된다. "수곰이 되어 암놈을 사랑하는 것도 그리 나쁘지는 않겠지. 이성과 언어, 그 밖의 모든 것을 지니고도 혼자서 쓸쓸히 사랑받지 못하고 살아가는 것보다는 훨씬 나을지도 모르리라."

—— 제4권 344쪽

골트문트는 2년 동안 어머니의 형상을 찾아 방랑자로 이곳저곳을 돌아다니며, 여러 여인들과 사랑을 나누지만 결국은 무상(無常)함을 깨닫게 된다. 어느 날 골트문트는 기사의 궁전에 서기가 되어 머물게 된다.(8장) 기사에게는 리디아(Lydia)와 율리에(Julie)라는 두 딸이 있는데, 율리에는 질투심 때문에 그 사이 일어난 리디아와 골트문트의 관계를 아버지에게 털어 놓는다. 이 일로 인하여 골트문트는 기사의 성에서 쫓겨나게 되고, 도중에 부랑자 빅토르(Viktor)와 만나 함께 방랑하게 된다. 골트문트는 리디아가 자신에게 준 돈을 빼앗기 위해 자신을 죽이려 하는 빅토르를 죽이게 된다.(9장) 10년 동안 골트문트는 자연의 세계, 세상 속에서 여러 여자들과 사람들을 만나고 페스트를 경험하기도 한다. 골트문트의 세상 속에서의 여인들과의 사랑, 페스트의 경험(13장, 14장) 등의 다양한 경험들은 소설의 총 20장 중 11장(6장~16장)에 걸쳐 묘사된다.

소설의 10장에서 12장까지는 골트문트가 장인 니클라우스(Niklaus) 옆에서 3년간 머무르면서 예술의 세계에 입문하여 예술가가 되는 내용이 담겨있다. 골트문트는 작품을 창조하며 그 속에서 무상함을 영원화 시킨다. 반면 나르치스에게서는 삶의 의미가 지식, 정신의 세계로 구체화된다. 완전함과 신의 신성함에 접근하는 방법은 나르치스와 골트문트로 표현되는 두 개의 대립된 형태로 나타난다. 골트문트는 나르치스와는 서로 대립된 존재 형태임을 깨닫고 다음과 같이 묘사한다.

> 이 지상에 현존하는 모든 것은 그러한 이원적인 것과 대립된 것에 근원을 두고 있다. 여자가 아니면 남자이고, 떠돌이가 아니면 안주자며, 이성적이 아니면 감정적이다. 숨을 들이마시면서도 내뱉고, 남자이면서도 여자가 되고, 자유를 원하면서도 질서를 바라고, 충동적이면서도 정신적이 되는 그런 양면을 동시에 체험할 수는 없는 노릇이

었다. 한 가지를 위해서는 다른 것을 잃는다는 대가를 치루어야 했다. 그 한 가지는 다른 것만큼 중요하고도 열망할 가치가 있지 않은가.

—— 제4권 475쪽

16장과 17장에서는 골트문트가 백작의 애첩인 아그네스(Agnes)와의 관계 때문에 사형에 처해질 순간, 그동안 수도원장이 된 나르치스에 의해 생명을 구원받고 수도원으로 되돌아오는 과정이 묘사된다. 18장에서는 서로 떨어져 상반된 삶을 살아갔던 나르치스와 골트문트가 다시 만나 함께 사색과 예술에 대해 논쟁하는 것이 묘사된다. 나르치스는 사상가와 예술가의 삶을 구분하여 다음과 같이 설명한다. 사상가는 "사색의 결과를 그의 친구 골트문트나 다른 수도사들에게 수백 번이나 적용하려 했다." 그리고 그것을 어떻게 적용할지 그 전에 "배우고 연마하지 않으면 안된다."(제4권 505쪽) 그래서 사상가는 스승이 되어야 한다. 예술가란 존재는 그의 "눈과 상상력을 연마하여" 완성한 작품에 자신이 추구하는 표상 세계를 드러내는 것이다. 사상가는 사상의 적용에 따라, 예술가는 작품에 따라 평가된다.

작품의 마지막 19장과 20장에서 나르치스와 골트문트의 상극되는 삶의 형태가 다시 묘사된다. 자신의 감정에 따라 삶에 충실했던 골트문트는 자신의 예술의 추진력인 어머니의 형상에서 융의 아니마를 인식하고 그 내부에 살아있는 형상과 화해하였기에 만족하며 죽을 수 있다.[10] 골트문트는 나르치스의 곁에서 죽음을 맞이한다. 즉 골트문트의 존재로의 의지는 예술 작품으로 승화되고, 죽는 것으로 끝을 맺는다. 골트문트는 나르치스에게 "어머니 없이 사랑도 할 수가 없고 죽을 수도 없다네.(제4권 531쪽)"라는 말을 하고는, 자연의 품인 어머니 대지에게 되돌아간다. 나르치스는 불멸과 정신의 영원함을 상징적으로 이해하기 위해 정신의 세계 속에서 고독하게 머물러야 하고, 죽은 후에야 신에게 되돌아갈 수 있을 것이다.

인간의 의지

쇼펜하우어의 '인간의 의지'

헤세는 융의 '자아실현'의 문제를 쇼펜하우어(Arthur Schopenhauer, 1778~1860)와 니체 철학에서의 의지의 문제에 연결시키고 있다. 특히 헤세는 쇼펜하우어와 니체의 의지의 문제를 통하여 철학(사색)과 예술, 그리고 삶의 긍정(니체의 디오니소스적 의미, 혹은 amor fati)의 의미를 《나르치스와 골트문트》 속에 전개시키고 있다. 헤세는 27세가 되던 해인 1904년부터 쇼펜하우어의 철학을 알게 되었다.[11] 쇼펜하우어는 자신의 주저 《의지와 표상으로서의 세계(Die Welt als Wille und Vorstellung, 1818)》에서 의지와 연관하여 허무주의적 인간의 삶의 형태를 설명하고 있다. 쇼펜하우어에 따르면 인간은 자연적으로 욕구의 충족을 추구하는데, 결핍으로 인하여 고뇌를 획득하게 된다고 한다. 그리고 설사 욕구가 충족되더라도 짧은 시간동안 불충분하게 이루어질 뿐이고 지속적인 행복이 불가능하며, 또한 욕구가 충족된 후 인간은 종종 권태나 공허함을 느끼게 된다고 설명한다.[12] 헤세는 쇼펜하우어의 허무주의적 깨달음을 골트문트의 예를 통하여 표현하고 있다. 골트문트도 여인의 사랑을 갈구한 뒤에 허무한 감정을 느낀다.

> 단지 여인들의 사랑과 성의 유희만이 가장 값진 것이어서, 그가 종종 우수에 젖고 권태를 느끼는 원인도 따지고 보면 쾌락의 무상함과 덧없음에 연유하는 것이다. 덧없이 빠른 속도로 지나가는 쾌락의 불꽃, 관능의 불꽃과 연소, 그것이 모든 체험의 핵심같이 여겨졌으며 삶의 온갖 환희와 번뇌의 상징인 듯 생각되었다.
>
> —— 제4권 410쪽

골트문트는 작품에 내재한 영속성을 느끼면서도, 동시에 작품을 완성하는 행위는 일시적일 수밖에 없는 삶의 한계임을 다시 인식한다. 그는 작품을 완성하고 난 뒤 허무함을 느끼며, 마을과 자신이 만든 예술품에게서 벗어나고자 하는 생각을 하기도 한다. 그리고 "그가 만들어보고 싶고 또 만들 수 있는 조각상은 이제 그의 마음속에 없었다. 그가 그토록 동경하던 조각상, 인류의 영원한 어머니인 이브의 형상은 아직도 그의 손이 미치지 못하는 자리에 있다."(제4권

413쪽) 이처럼 그는 인간의 한계를 인식하고 허탈감을 다시 절감한다. 골트문트의 경우처럼, 쇼펜하우어는 인간은 항상 새로운 목표를 추구하지만 그 목표는 도달되지 않을 경우가 많다는 것을 깨닫게 된다고 말하며, 이러한 인간의 경우를 마치 '익시온의 바퀴', '다나에덴 자매의 밑 빠진 독' 그리고 '영원히 애타게 갈망하는 탄탈로스'[13]에 비유한다. 즉 인간의 삶의 의지는 맹목적인 것으로 인간에게 고뇌는 끊이지 않고 인간의 삶은 고통스럽다고 파악한다.[14] 19장에서 나르치스는 작품을 완성하였지만 다시금 공허함을 느끼고 있는 골트문트에게 다음과 같이 설명한다. "하지만 좋은 의지를 갖고 있는 모든 사람의 공통점은 바로 이런 점에 있다고 하겠네. 말하자면 우리들은 결국에 가서는 우리들의 작품을 부끄럽게 여겨야 한다는 것. 그리고 언제나 새롭게 시작해야 한다는 것, 또한 언제나 새로운 희생이 있어야 한다는 사실일세."(제4권 514쪽) 나르치스가 말하는 의지란 쇼펜하우어가 말하는 삶의 의지를 지닌, 그러기에 고통스러운 인간 존재의 의미를 말하는 것이다.

쇼펜하우어는 인간이 무의미한 행위에서 벗어나기 위해서는 인간의 의지를 부정해야 한다고 말한다. 그는 우리의 삶을 고통스럽게 하는 의지의 지배를 벗어나기 위해 인간 존재가 도달해야 할 두 가지 길이 있다고 정의하고 있다. 하나는 철학적 통찰의 길이고, 다른 하나는 골트문트가 추구하는 자연적 삶의 체험의 길이다. 철학적 통찰의 길은 신학자나 학자의 길이고 자연적 삶의 체험은 예술가로 구현된다.

> 의지의 경험적인 자유, 즉 아무런 영향을 받지 않는 자유로운 의지결정의 주장은 인간의 본질을 근원적으로 인식하는 존재, 그러니까 본래는 추상적으로 사유하는 존재이거나, 이것의 결과로 비로소 의욕하는 존재일지도 모르는 하나의 영혼과 아주 밀접한 관계가 있다.[15]

쇼펜하우어도 순수한 지적인 즐거움을 느낄 수 있는 사람의 "보다 높은 의지력"을 다음과 같이 말하고 있다.

> 사람들이 보통 인생의 가장 아름다운 부분이라거나 가장 순수한 즐거움이라 부르고 싶어 하는 것, 사실 또한 그것은 우리를 실제적인 생존에서 끄집어내어, 우리를 그것에 대한 무관심한 방관자로 만들 뿐이므로, 모든 의욕과는 생소한 순수한 인식 작용이고, 아름다운의 향유이며 예술에 대한 진정한 즐거움이다.[16]

쇼펜하우어에 따르면 의지로부터 벗어날 수 있는 삶의 방법은 정신적인 작업을 통하여 얻을 수 있다. 이런 삶의 형태는 헤세의 작품에서는 바로 나르치스와 골트문트의 삶이다. 나르치스는 자발적으로 체념의 상태에 이른다. 그는 수도원에서 노동을 통하여 냉정하고 평온한 그리고 무의지의 상태, 즉 "평정심"을 가질 수 있는 단계에 도달한다. 나르치스는 자신과 같은 사람들을 다음과 같이 정의한다.

> 우리들 사색가는 세계를 하나님으로부터 분리시킴으로써 하나님에 가까워진다네.
>
> —— 제4권 513쪽

골트문트는 자신의 생각을 예술 작품으로 재현하면서 개인적인 고뇌에서 벗어나고 만족감을 찾는 예술가이다. 스케치를 하면서 우울한 마음, 답답한 마음과 혼란스러운 마음이 풀리고 가라앉았다.(제4권 467쪽) 나르치스는 골트문트가 "내면에 깃들인 신성을 죽이지 않는" 예술가로 자신과 "대등한 사람"(제4권 520쪽)임을 인식하게 된다.

니체의 '인간의 의지'

헤세는 1895년 초부터 니체 철학에 심취하였다. 《데미안》이 출간된 이후 니체는 헤세의 삶과 예술에서 강력한 충격을 주었으며, 특히 니체의 삶에 대한 미학적 관점은 헤세에게 강한 영향력을 행사한다.[17] 니체는 자신의 유고작 《권력에의 의지(Der Wille zur Macht, 1910~1911)》에서 "삶으로서의 권력의 의지"[18]라는 말을 하고 있다. 권력이란 존재와 근원을 이루는 힘으로서의 활력을 뜻한다. 니체는 항상 변하는 세계 속의 삶의 존재와 의미를 이야기하고 허무주의를 극복하고자 한다.[19] 니체는 쇼펜하우어와 마찬가지로 의지라는 개념을 표현하는 두 가지 다른 양상을 학문과 예술로 파악하고, 두 개의 영역을 동일하게 보면서도 예술을 더욱 강조하고 있다. 니체는 허무주의의 원인을 학문적 삶의 방식인 '진리에의 의지'에서 찾는다. 보편적 진리에 대한 절대적 신념은 환멸로 끝나게 될 독단적 허구에 불과하기 때문이라고 파악하기 때문이다.[20] 그는 《권력에의 의지》 중 제3권 '새로운 가치 정립의 원리' 에서 진리는 "오류의 반대를 나타내는 것이 아니라, [...] 다양한 오류, 상호의 위치 관계를 나타내는 것에 지나지 않지만"[21], 예술은 "삶을 가능하게 하는 위대한 형성자요, 삶으로의 위대한 유혹자요, 삶의 위대한 자극제"[22]이기 때문에, 예술가적 삶의 방식을 긍정한다. 니체는 삶의 활동을 의지의 활동으로 보면서, 동시에 매순간 창조활동의 한 과정으로 보고 있다.[23] 헤세의 《나르치스와 골트문트》에서 정신적 인간 나르치스의 삶보다 예술가 골트문트의 삶의 과정이 소설의 대부분을 차지 한 것도 니체의 이러한 철학적 맥락으로 이해될 수 있다. 니체는 자신의 초기 저작 《비극의 탄생》에서 예술을 아폴로(정신)적인 것과 디오니소스적(자연)인 것의 대립으로 파악한다.

> 아폴로는 현상의 영원함에 대한 빛나는 찬미를 통해서 개체의 고통을 극복한다. 여기에서 아름다움은 삶에 내재하는 고통을 이겨내는 것이다. 고통은 어떤 의미에서는 자연의 성질로부터 제거된 것처럼

> 보인다. 디오니소스 예술과 그 비극적인 상징으로 동일한 이러한 자연은 진실되고 왜곡되지 않은 목소리로 우리에게 말을 거는 것이다. "나처럼 되어라! 현상의 끊임없는 변화 속에서 영원히 창조적인 것, 영원히 실존을 강요하며 현상의 변화에서 영원히 만족하는 태모(원형)를".[24]

니체는 디오니소스적인 예술, 즉 음악(혹은 비극)에서 인간 존재의 의미와 즐거움을 찾는다. 니체가 말하는 계속적으로 변하는 예술(음악, 혹은 음악에서 탄생된 비극)은 골트문트에게는 추상적으로 존재하는 것이 아니라 구체성을 지닌 감각적 현상이나 체험으로 나타난다. 예술가로서 골트문트는 어떤 특정한 인물이 아니라, 변화하는 형상들에서 자신이 추구하는 원형(태모)을 추구한다.[25] "집시 여인 리제의 특징, 기사의 딸 리디아의 특성, 그 밖에 그가 사랑했던 모든 여성들의 얼굴뿐만 아니라 그가 체험했던 온갖 경악, 경험과 감동이 형태와 특성을 부여해주었다."(제4권 405쪽) 골트문트는 스승 니클라우스의 딸인 리스벳(Lisbeth)의 아름다움을 다음과 같이 표현한다.

> 지나친 침착성과 순진성, 규율과 순결, 그러면서도 어린애다운 순진성은 아니었으며 그 은근한 태도 뒤에는 보이지 않는 냉담함과 오만함이 도사리고 있어 그 순진성이 그를 감동시키고 무력하게 만들기보다는 그를 자극시키고 도발시켰다.
>
> —— 제4권 404쪽

골트문트는 리스벳이 의식적으로 자신의 감정을 조절하고 있다고 느낀다. 그는 리스벳을 언젠가 "작품에 담아보겠다는 소망을 품게 되었다. 지금의 그녀로서가 아니라 눈을 뜬 여인, 관능적이고 괴로워하는 여인, 어린 소녀가 아닌, 완전히 성숙한 처녀로서 그리고 싶었던 것이다. 그는 그렇게 조용하고 아름답고 움직임이 없는 그 얼굴이 쾌감으로든 고통으로든 일그러져 그 비밀을 드러내는 얼굴이 되는 것을 보고 싶다는 강렬한 소망에 사로잡혔다." (제4권 404쪽 이하) 리스벳을 표현하려는 골트문트의 방법은, 그가 아폴로적인 이상적 형태를 작품화하고자 소망하지만, 경직된 형상으로서가 아니라 자연스러운 감정, 즉 디오니소스적 예술의 의미를 표현하는 것이다.[26]

골트문트는 니클라우스 스승 밑에서 사도 요한의 흉상을 만든다. 그는 자신이 완성한 작품을 한 시간 이상 관찰하며 "위대한 감정"을 느끼면서도, 이러한 일이 일상의 모든 과정처럼 끝이자 또 다른 시작임을 느낀다. 그는 나르치스의 "고요하며 헌신적이고 경건한 표정"을 연상하고 사도 요한의 흉상을 만든다. 골트문트에게 예술작품은 "매순간 실존의 의미를 가치가 있는 것으로 만드는 아름다운 가상의 환영"인 아폴로적인 의미로 나타난다. 그러나 작품을 완성하면 그는 또다시 "다음 순간을 체험해보고 싶은"[27] 디오니소스적 충동을 느낀다. 니체에 따르면, 골트문트의 경우처럼 끊임없이 계속되는 디오니소스적 경향과 아폴로적 경향의 반복적 상호 작용은 인간 삶을 결정하는 본질적 운동 방식이며, 이 대립된 경향은 권력의지의 서로 다른 양태이고, 세계의 모든 것은 이 두 힘의 역동적 관계 속에서 창조된다고 한다.[28]

18장과 19장에서는 골트문트가 추구하는 디오니소스적 예술의 세계가 또 다시 언급된다. 골트문트는 나르치스에 의해 구조된 후 낭송대 작품을 만들고 나서 "계단의 목각 작품"을 만든다.

> 그는 아주 만족스러운 감정으로 거기에다 야생 나무라든가 포도덩굴이라든가 잡초 따위가 자라는 들판을 새겼으며 나뭇가지 사이로 새들이 노니는 풍경을 표현했다. 또한 그 평화로운 낙원의 한복판에다 족장들의 생활 중 몇 가지의 단면을 따서 표현했다.
>
> —— 제4권 512쪽

니체의 예술관에 따라, 골트문트의 낭송대 작품은 개인의 고통을 "현상의 영원함에 대한 예찬"으로 사라지게 하는 아폴로적 예술 형태로 디오니소스적 자연 풍경(야생, Wildnis)을 묘사한 것이다. 골트문트는 마음이 안정되지 않으면 곧잘 다시 방랑하고 자연을 관찰하기도 한다. 그리고 "푸른 풀밭에 몇 시간이고 누워서 덩굴과 잎으로 이루어진 아치형 천장이나, 양치류나 금작화로 뒤덮인 들판을 바라보기도 했다."(제4권 512쪽) 자연은 지친 그로 하여금 열정적으로 창조할 수 있게 하는 힘을 주는 대상이다.[29]

니체는 진리가 삶의 역동성을 가로막는 부정적 독이 되지 않고 삶의 승화와 비약을 위한 뜀틀의 역할을 하게 되면,[30] 진리와 예술이 서로 연관될 수 있다는 논리를 제공한다. 작품의 마지막에 나르치스가 골트문트의 예술에 대해 새롭게 이해하며 서로의 존재의 의미를 찾는 것은 그러한 니체적 의미로 이해될 수 있다.

> 우리들 사색가는 세계를 하나님으로부터 분리시킴으로써 하나님께 가까워지지만, 자네는 하나님의 피조물을 사랑하고 그것을 다시 창조함으로써 하나님께 가까워지는 것일세.
>
> —— 제4권 513쪽

나르치스는 골트문트를 창조적 예술가로서 파악하면서 동시에 내향적인 자신과 외향적인 골트문트의 차이점을 다시 지적한다. 니체는 《차라투스트라는 이렇게 말했다(Also sprach Zarathustra, 1883~1885)》에서 초인간이라는 개념을 인간의 삶이 지향해야 할 모습이자 인간 존재의 목적으로 설명한다.[31] 니체는 삶에 대한 인간의 의지를 인간의 현존재를 긍정(amor fati)하는 표현으로 파악하고 영원 회귀(Ewige Wiederkunft)의 개념으로도 설명한다. 즉, 본질에 대한 긍정은 진리 추구 과정의 지속이라고 그는 파악한다.[32] 헤세는 니체가 말하는 보다 숭고한 삶의 의지를 골트문트와 대화를 나누는 나르치스의 말을 통해 다음과 같이 표현하고 있다.

인간이란 정신과 물질로 구성된 의심스러운 혼합물이어서, 정신은 영원한 것에 대한 인식을 열어주는데 반해서 물질은 오히려 인간을 무상한 데로 끌어내려서 묶어놓는 것이어서, 생활을 고양하고 생활의 의무를 부여하기 위해서는 될 수 있는 대로 감각으로부터 떠나서 정신적인 것으로 향하도록 노력해야 한다고 말일세. 내가 예술을 존중한다고 했지만 실은 마음속으로 그것을 멸시했었지. 그러나 이제는 인식으로 이르는 길이 얼마나 많은지를 알게 되었어. 그곳으로 이르는 길로 정신의 길이 유일한 길이 아니며, 또 그것이 최상의 길이 아니라는 것을 깨닫게 되었어. 나는 물론 그 길에 남게 되겠지만 자네는 그 반대의 길, 감각을 통한 길에서 사색가들이 하듯이 똑같이 존재의 비밀을 캐내고 그것을 훨씬 더 생생하게 그려낼 수가 있단 말일세.

—— 제4권 512쪽 이하

헤세는 니체가 말하는 삶의 의지, 삶에 대한 긍정을 나르치스와 골트문트처럼 지속적으로 진리 혹은 세상의 원형을 추구하는 힘을 지니고 살아가는 가능성 혹은 시도로 파악하는 것이다. 니체의 삶의 의지를 헤세는 토마스 아퀴나스(Thomas Aquinas)가 말하는 신과 같은 최고의 목적 그 자체인 '순수 현실태(actus purus)'[33]로 향해가는 "자아실현"으로도 설명한다.

그것은 철학적인 개념이므로 달리 표현할 수는 없어. 우리 같은 아리스토텔레스와 성 토마스 학파의 제자들에게는 모든 개념의 최고는 완전한 존재일세. 완전한 존재는 신이네. 그 밖의 다른 것들은 모두가 그 반 정도뿐인 존재이며 부분적인 존재여서 생성되어가는 과정에 있고 여러 가지 가능성으로 혼합된 존재일세. 그러나 신은 혼합된 존재가 아닌 단 하나의 존재이며, 가능성을 지닌 것이 아니라 그 자체가 현실이지. 그러나 우리들은 덧없는 존재요, 생성되어가는 존재요, 가능성을 갖고 있는 존재네. 우리들에게는 완전성도, 완전한 존재도 있을 수가 없어. 우리들이 힘에서 행위로, 가능성에서 실현으로 나아갈 때 우리들은 진실한 존재에 참여하며 완전성과 신성에 조금이나마 닮아가는 걸세. 그게 말하자면 자신을 실현하는 것일세. 자네는 그 과정을 자신의 체험으로 알아야 하네.

—— 제4권 502쪽 이하

나르치스는 인간 개인의 가치를 이야기하며 인간의 삶은 절대적 존재를 향하며 현실화되는 과정이라고 설명하는 것이다. 작품의 마지막에 자신의 내면에 자리 잡은 어머니의 외침으로 표현되는 골트문트의 죽음을 니체는 "의지와 생산성을 지닌 존재가 투쟁하고 고통을 받으며 결국은 현상이 필연적으로 파괴되는 것으로"[34] 파악한다. 《나르치스와 골트문트》는 인간의 두 가지의 서로 다른 영혼(정신과 자연)을 보여준다. 나르치스는 충동을 억제하는 금욕적인 삶을 영위하고 리비도를 승화시키면서 정신에 헌신하는 사상가이자 고행자이다.[35] 나르치스는 골트문트와 대립되는 인물이면서 동시에 골트문트의 본능을 일깨워주면서 그의 영혼을 힐링해주는 인물이다. 나르치스로 인하여 자신의 본성을 깨달은 골트문트는 다양한 세계의 가능성을 보여주는 본능과 감각(자연)의 세계로 나아가기 위해 수도원을 떠난다. 그는 "예술가이자 변덕스러운 탕아"[36]로서 세상에서 많은 체험을 하고 수도원으로 돌아와 나르치스의 품에서 죽는다. 그의 죽음은 자연의 품, 어머니 대지에게 돌아가는 것으로 헤세는 묘사한다. 나르치스는 영원한 정신의 세계 속에서 고독하게 머물러야 하고 죽은 후 신에게 되돌아갈 수 있었을 것이다.

헤세는 쇼펜하우어의 허무주의적 각성을 작품을 끝낸 후에 그리고 여인과의 사랑을 나눈 후에 공허함을 느끼는 골트문트의 예로 표현하고 있다. 쇼펜하우어에 따르면 인간은 자연적으로 욕구의 충족을 추구하는데, 결핍으로 인하여 고뇌를 획득하게 된다는 것이다. 쇼펜하우어는 의지로부터 벗어나면 이런 허무주의적 감정을 극복할 수 있다고 하면서, 그렇게 의지로부터 벗어난 삶을 철학가와 예술가의 삶이라 표현한다. 나르치스는 자발적으로 체념의 상태에 이른다. 그는 수도원에서 노동을 통하여 냉정의 상태와 무의지의 상태에 도달한다. 예술의 세계 속에서 우울하고 답답한 마음과 혼란스러운 마음이 풀리는 골트문트는 쇼펜하우어가 말하는 두 번째 자연적 삶의 형태이다. 골트문트는 자신의 생각을 작품으로 재현하면서, 개인적인 고뇌에서 벗어나 만족감을 찾는 예술가이다.

니체는 자신의 저서 《권력에의 의지》에서 "삶은 권력의 의지"이며, 의지란 항상 변하는 세계 속의 삶의 의미를 이야기하고 허무주의를 극복하고자 하는 것이라고 말한다. 니체는 삶의 활동을 '의지의 활동'으로 보면서, 동시에 매순간 창조 활동의 한 과정으로 보고 있다. 니체는 《비극의 탄생》에서 예술을 아폴로(정신)적인 것과 디오니소스적(자연)인 것의 대립으로 파악한다. 니체가 디오니소스적인 예술, 혹은 비극에서 인간 존재의 의미와 즐거움을 찾듯이, 골트문트의 삶의 의지는 지속되고, 결국 그는 창조하는 예술가가 된다. 그에게 예술 작품은 "매순간 실존을 살만한 가치가 있는 것으로 만드는 아름다운 가상의 환영"인 아폴로적인 의미로 나타나고, 그리고 다시 다음의 것을 창조하고 경험하고자 하는 디오니소스적 충동을 느낀다. 니체적 삶의 의지를 헤세는 토마스 아퀴나스가 말하는 순수 현실태로 향해가는 '자아실현'으로도 설명한다. 골트문트의 죽음은 니체에 따르면 "의지와 생산성을 지닌 존재"의 필연적인 현상의 파괴라고 설명할 수 있지만, 헤세는 "의지와 생산성을 지닌 존재"의 근원으로 되돌아가는 것으로 파악하고 있다.

나르치스처럼 수도승으로 순수하게 정신의 세계 속에서 살아가거나, 골트문트처럼 방랑자로서 자연 속에서 감각의 세계에 충실하게 살 수 있는 것은 현대의 현실세계에서는 불가능할 것이다. 전문가들도 《나르치스와 골트문트》에 대해 바로 현실에서 이상향의 세계 속으로 도피한 것으로 비난하고 있다.[37] 작가는 "속세에 대한 보호"(제4권 503쪽)가 가능한 중세의 수도원으로 시공간을 설정하여, 시대를 초월한 형상들을 만들어내었다.[38]

《나르치스와 골트문트》는 양극성의 문제와 의지의 문제뿐 만이 아니라, 헤세의 자서전적인 특징도 보여준다. 골트문트가 수도원으로 보내지는 것처럼, 헤세도 수도원 학교인 마울브론에 보내진다. 골트문트와 마찬가지로, 헤세도 자신을 찾기 위해 수도원 학교를 그만 둔다. 여러 과정을 거쳐 골트문트는 예술가로, 헤세는 작가로 자아실현의 길을 찾는다.

6부

종교, 철학, 예술, 미학과 윤리
____ 유리알 유희

6부 종교, 철학, 예술, 미학과 윤리 ___ 유리알 유희

작품 구성

성찰과 정신의 세계 '카스탈리엔'

유리알 유희의 의미 '종교, 철학, 예술, 미학과 윤리'

노형과 테굴라리우스 '성찰적 삶의 전형'

플리니오와 야코부스 신부 '실천적 삶의 전형'

내가 되는 것 '깨달음의 문제'

우리 시대에 요구되는 것 '인격, 양심 그리고 책임'

희생적 죽음

《유리알 유희》는 헤세가 1931년부터 1942년까지 11년 이상 작업하여 처음에는 1943년 스위스에서, 그 후 독일에서 1946년에 출간된 그의 만년의 대표작이다.[1] 헤세는 《유리알 유희》로 1946년 노벨상을 받는다.

헤세는 《유리알 유희》의 제1장 〈소명(Berufung)〉에서 카스탈리엔(kastalien)이 괴테의 《빌헬름 마이스터의 편력시대(Wilhelm Meisters Wnaderjahre)》 속에 등장하는 교육주(die Pädagogische Provinz)에서 유래했음을 밝히고 있다.[2] 헤세는 새로운 시대와 사회에 기여할 수 있는 유용한 인간 개발을 목표로 하는 괴테의 교육주에 영향을 받아, 정신세계의 순수한 전통을 추구할 수 있는 이상적 교육세계와 인간형성과정을 카스탈리엔이라는 제도를 통하여 구현하려고 한다. 괴테의 교육주는 주인공이 지속적으로 발전하고 깨닫는 과정 속에 거쳐 가는 세계 중의 하나이며, 기능을 중요시 하는 교육 제도에 바탕을 두고 있다. 그러나 헤세의 교육주는 주인공이 순수 학문과 예술 교육을 받고 성장하다가, 카스탈리엔의 문제점을 깨닫고 자신의 책임 의식을 인식하게 되는 작품의 주요 무대이다.

괴테는 교육주에서의 인간 개발에 요구되는 지혜를 "생각하고 행동하라(Handle besonnen)"[3]라고 표현하면서 성찰과 행동을 함께 하여 삶의 균형을 꾀하도록 설파한다.[4] 헤세는 괴테가 말하는 삶의 덕목을 크네히트가 추구했던 "성찰적 삶"과 "실천적 삶"(제5권 214쪽)의 개념으로 표현하고 있다. 《유리알 유희》의 주인공 요제프 크네히트(Josef Knecht)는 카스탈리엔에서의 성찰적 삶이 자신의 소명이라는 깨달음(Erwachen)을 획득하고 명상과 학문에 정진하여 유리알 유희의 명인(Magister Ludi)이 된다. 그러나 그는 바깥 세상에 대한 자신의 책임을 각성하게 되면서, 실천적 삶을 몸소 실행하기 위해 과감히 유리알 유희의 명인의 지위를 내어놓고 사회에 나가 책임을 가지고 봉사하는 교육자로서의 삶을 살아가려 결정한다.

원래 카스탈리엔은 훌륭한 교육자를 육성하여 바깥 세계에 봉사하는 인재 양성을 목표로 삼고 있다. 그러나 카스탈리엔이 이러한 본연의 의무를 이행하기 보다는 점차로 바깥 세계와는 격리되어 고도의 정신세계 속에만 몰두하게 되었음을 크네히트는 깨닫게 된다. 크네히트는 〈이교도 반박 철학 총서를 읽고(Nach dem Lesen Summa contra gentiles)〉에 카스탈리엔이란 정신적 세계가 과거의 행복한 시절에서만이 가능한 세계임을 인식하며 다음과 같이 말한다.

> 거기서는 모든 것이 맑고, 자연은 정신의 지배를 받는다.
> [...]
> 그 대신에 우리 후세사람들은 투쟁을 일삼고 황폐한 세계를 지나,
> 의혹과 신랄한 풍자만을 일삼도록 저주받고 있다.
> 충동과 동경밖에는 아무 것도 부여되어 있지 않은 듯이.
>
> —— 제5권 406쪽

그러기에 크네히트는 〈마지막 유리알 유희자(Der letzte Glasperlenspieler)〉에서 "그들은 가버리고, 카스탈리엔의 사원도 도서관도 학교도 이제는 없다."라고 말하며, 카스탈리엔이 미래에는 존재하지 않으며 몰락하게 될 것이라 예감한다. 즉 크네히트는 정신적 세계인 카스탈리엔이 이성적 인식으로 극복되기 어려운 비이성적 권력을 가지게 되었음을 인식하며 〈문자(Buchstaben)〉에서 다음과 같이 말한다.[5]

비현실적인 이 세계, 이 마법의 장난감이
견딜 수 없는 것이, 한 번도 존재하지 않는 것으로
존재하지 않는 나라로 흡수되리라.

—— 제5권 399쪽

《유리알 유희》의 결론 부분이자 핵심이 되는 내용은 크네히트가 카스탈리엔의 한계와 사회에 대한 책임을 인식하며 외부 세계로 되돌아가 교육자로서 봉사하려는 것이다. 그러나 작품의 대부분은 크네히트가 정신적 이상세계이자 엘리트 교육기관인 카스탈리엔에서 성장하여 유리알 유희의 명인이 되는 것이다. 크네히트의 성장에 가장 큰 영향을 주는 주요 인물들은 성찰적 삶을 대표하는 노형(der Älte Bruder)과 프리츠 테굴라리우스(Fritz Tegularius)이며, 실천적 삶을 살아가는 플리니오 데지뇨리(Plinio Designori)와 야코부스(Jakobus) 신부이다. 그러므로 카스탈리엔과 유리알 유희의 의미를 살펴보고, 크네히트가 어떤 인물들을 통해 깨달음을 얻고 단순한 성찰적 삶에서 벗어나 실천적 삶을 선택하게 되었는지 살펴보자.

작품 구성

헤세는 《유리알 유희. 유고가 첨부된 유희의 명수 요제프 크네히트의 전기》는 〈유리알 유희의 역사에 대한 일반인을 위한 설명서(Versuch einer allgemeinverständlichen Einführung in seine Geschichte)〉외, 〈소명(Die Berufung)〉, 〈발트첼(Waldzell)〉, 〈연구시절(Studienjahre)〉, 〈두 종단(Zwei Orden)〉, 〈사명(Die Mission)〉, 〈유희의 명수(Magister Ludi)〉, 〈재직시절(Im Amte)〉, 〈양극(Die beiden Pole)〉, 〈대화(Ein Gespräch)〉, 〈준비(Vorbereitungen)〉, 〈회장(回章, Das Schreiben des Magister Ludi an die Erziehungsbehörde)〉, 〈전설(Die Legende)〉의 총 12개의 장으로 구성되어 있다. 그리고 크네히트가 쓴 13편의 시와 3편의 〈이력서(Die drei Lebensläufe)〉가 첨부되어 있다. 3편의 〈이력서〉의 각각의 제목은 〈기우사(Der Regenmacher)〉, 〈고해신부(Der Beichtvater)〉, 〈인도의 이력서(Indisder Lebenslauf)〉이다.

〈유리알 유희의 역사에 대한 일반인을 위한 설명서〉에서는 논문의 형태로 헤세가 구상했던 세계의 내용과 발전에 대해 언급이 되고, 〈소명〉부터 〈전설〉까지는 요제프 크네히트가 라틴어 학교에서 뽑혀 카스탈리엔이라는 곳으로가 유리알 유희의 명수가 되었다가 결국 현실 세계로 나와 죽음에 이르게 되는 과정이 그려져 있다.

성찰과 정신의 세계 '카스탈리엔'

헤세의 《유리알 유희》의 주요 배경이 되는 장소는 카스탈리엔이다. 카스탈리엔은 아폴로 신전의 피티아(Pythia) 여사제가 신탁을 전하기 위해서나, 순례자들이 신전에 들어가기 전에 몸을 씻는 신성한 샘인 카스탈리아(Castalia)에서 유래한 것으로 정화와 탈세속의 의미를 지닌다.[6] 《유리알 유희》 속에서도 정신을 바탕으로 하여 완벽한 유토피아적 공간인 카스탈리엔에서는 인간의 정신이 대상화된다.[7] 카스탈리엔에서 추구하는 정신의 의미는 부르크하르트의 저서 《세계 역사의 관찰(Weltgeschichtliche Betrachtungen, 1905)》 속에 말하는 문화의 의미에서 찾을 수 있다.

> 우리는 문화를 임의로 일어나고 또 그 어떤 보편적 타당성이나 강제적 타당성을 요구하지 않는 정신적 발전의 종합이라고 일컫는다. [...] 나아가 문화는 순박하고 충동적인 행동이 성찰적인 능력으로 바뀌는 수많은 형태의 과정이다.[8]

부르크하르트의 정의에 따르면 문화는 성찰과 정신의 세계이다. 헤세의 카스탈리엔은 부르크하르트가 말하는 문화의 세계, 즉 성찰과 정신의 세계이다. 또한 카스탈리엔은 영재들이 순수학문을 자유롭게 정진할 수 있는 순수 미학적 세계이고 고도의 지적 세계를 추구한다. 그래서 카스탈리엔은 속세의 학교에서 창조적 소수인 영재를 선정하여, 속세와 격리되어 살게 하면서 교육하여 정신적·문화적 삶의 번영을 위하여 일할 수 있는 인재를 양성한다. 유희의 명인이 된 크네히트는 유희교사의 양성 강습이 끝나자, 카스탈리엔의 창조적 소수가 정신적-문화적 삶의 번성을 위해 노력해야 한다며 다음과 같이 표현하고 있다.

> 우리 시설의 가장 생생한 정화는 가장 우수한 것, 다시 말하면, 영재를 선발하는 데 있어서 예부터 내려오는 카스탈리엔의 원칙이다.
>
> —— 제5권 213쪽

> 여러분은 카스탈리엔의 소금이나 마찬가지이며 그 정신이요, 불안이라고 할 수 있다. —— 제5권 214쪽

카스탈리엔 내부에서 "자유로이 연구를 계속하면서 교육국이나 종단에서 근무하지 않은 후보자들"(제5권 204쪽) 중에는 영재들이 있고, 이들은 복습교사라고 불린다. 이들은 종단이 요구하는 삶의

규율을 지키면, 카스탈리엔의 정신적 세계 속에 독립적이고 책임감 있는 인격체로서 자신이 원하는 학문에 매진할 수 있다.

> 풍족한 생활뿐 아니라 결혼 혹은 가정을 포기했고, 일종의 수도승 단체로서 세상의 일반적인 경쟁을 떠나 재산도 명예도 직책도 모르는 채 물질적으로는 극히 검소한 생활에 만족하고 살았던 것이다.
>
> —— 제5권 56쪽

> 안락한 생활이나 훌륭한 의복, 금전 혹은 직함을 바라는 경우 그는 준엄한 규제에 부딪혔다.
>
> —— 제5권 56쪽

> 그는 어떤 전공도 스스로 선택하지 않아. 그가 자신의 재능을 선생보다 더 잘 판단할 수 있으리라 생각하지 않는 거지.
>
> —— 제5권 64쪽

카스탈리엔에 속하는 영재들은 종단의 규율에 따라, 겸허와 복종의 삶을 살면서도 정신적 자유를 누리며 정신적인 일이나 학문에 몰두하여 교육을 받은 후, 종단에 봉사하는 의무를 지닌다.

음악과 명상으로

영재를 양성하고 정신적인 학문의 세계를 추구하는 카스탈리엔에서의 교육의 주요 수단은 음악과 명상이다. 그 중 음악은 카스탈리엔에서 유일하게 인정되는 예술이다. 왜냐하면 음악은 "도량 Maß"에서 생기고 "천지의 조화"와 "균형"(제5권 24쪽)를 바탕으로 하는 것이기 때문이다. 첫 번째 〈소명〉의 장에서 소년 시절, 크네히트의 카스탈리엔의 첫 번째 스승인 음악의 대가(der Magister Musicae)는 크네히트로 하여금 자신의 소명을 깨닫게 해주는 진정한 교육자의 전형이다. 음악의 대가와 크네히트가 조화를 이루는 과정은 처음에는 음악의 대가에 대한 크네히트의 '대인 지각(Personelle Wahrnehmug)'의 과정과 합주를 통해 이루어진다. 즉 크네히트는 "아름답고 맑은 얼굴에 날카롭고 쏘아보는 듯한 파란 눈을 지니고 있는"(제5권 44쪽) 음악의 대가의 외모에 매료되고 동시에 그의 피아노 연주의 탁월한 능력을 경험하며 경외심을 느낀다. 음악의 대가는 크네히트가 시험을 받고 있다는 생각을 없애고 그의 잠재력을 살려내며,[9] 그로 하여금 "앞으로 그리고 더 높은 곳으로"(제5권 66쪽) 나아갈 수 있게 해준다.

> 소년은 연주가의 능란하고 하얀 손가락을 보며 긴장된 그 얼굴에서 푸가의 전개과정이 반영되어 있는 것을 보았다. 비록 그 눈은 반쯤 감은 눈썹 밑에서 꼼짝도 하지 않았지만 소년의 가슴은 대가에 대한 존경과 사랑으로 설레고 있었다. 눈앞에서 전개되는 그 곡 속에 있는 법칙과 자유, 봉사와 지배를 즐겁게 조화시키는 정신을 그는 희미하게나마 느꼈다. 그는 이 정신과 대가에게 몰두하며 온몸을 바치기로

맹세했다. 이 짧은 동안에 그는 자기와 자기 일생과 전 세계가 음악의 정신에 이끌려 정리되고 해명되는 것을 보았다. 연주가 끝났을 때 소년은 존경하는 마술사이며 왕이나 다름없는 그 노인이 눈을 반쯤 감고 내부의 빛으로 얼굴을 빛내며 얼마동안 건반 위에 가볍게 몸을 굽히고 있는 것을 보았다. 그러면서 이 짧은 행복에 환호를 울려야 할지 그 순간이 지나가버린 것에 대해 눈물을 흘려야 할지 알 수 없었다. —— 제5권 46쪽

음악은 해체, 무질서와 혼란과 대립하는 것이고, 음악의 이러한 면은 야코부스가 말하는 역사의 의미이기도 하다. 또한 음악은 크네히트가 다른 이들과의 관계를 맺을 때도 중요한 역할을 한다. 네 번째 〈두개의 종단〉의 장에서는 크네히트가 마리아펠스(Mariafels) 수도원에 있는 동안 야코부스 신부의 초대를 받는 과정이 묘사된다. 크네히트는 야코부스의 방에서 영국의 바로크 시대의 음악가 퍼셀(Henry Purcell, 1659~1695)의 소타나 피아노 연주를 듣고 야코부스에게 친근감을 느끼며 음악을 화제로 삼으면서 두 사람은 서로의 마음을 연다.(제5권 145쪽) 그 후에도 휴가를 끝내고 다시 마리아펠스로 돌아간 크네히트는 저녁때가 되면 야코부스 신부와 연주를 한다. 아홉 번째 〈대화〉의 장에서 크네히트는 외부 세계로 나가기 전에 이제는 "대의원이요, 정치 저술가로서 유력한 인사가 된"(제5권 263쪽) 플리니오와 대화를 한다. 유리알 유희자인 크네히트는 플리니오에게 음

악의 의미를 다음과 같이 말한다.

> 유리알 유희자는 무엇보다 마음속에 반드시 음악의 명랑성을 지니고 있어. 그러한 명랑성은 무엇보다 용감성, 다시 말하면, 세상의 두려움이나 화염 속을 명랑하게 미소 지으며 뚫고 지나가며 춤도 추는, 그렇게 즐겁게 희생을 바치는 것을 의미하지.
>
> —— 제5권 291쪽

크네히트는 음악은 변화, 과정 그리고 생성의 의미를 지닌다고 설명하면서, 책임지고 봉사하며 희생하는 것이 《유리알 유희》 중심 모티브임을 밝힌다. 제12장 〈전설(Die Legende)〉에서 크네히트는 카스탈리엔을 떠나면서 다른 소유물은 다 두고, 오로지 '피리'(제5권 378쪽)만을 들고 간다. 왜냐하면 음악은 듣는 사람의 "영혼을 고양시키고", "삶을 변화"(제5권 105쪽 이하)시키는 힘을 지니고 있음을 크네히트는 알고 있기 때문이다.

또한 크네히트가 플리니오와 갈등하면서 자신이 속하는 카스탈리엔의 삶의 의미에 대하여 혼란을 겪게 되자, 음악의 대가는 명상을 통해 힘을 얻고 자제하는 힘을 얻을 수 있음을 말한다. 음악의 대가는 크네히트에게 다음과 같이 명상의 의미를 알려준다.

명상하는 힘의 원천과 정신과 영혼의 새로운 융화에 의지하지 않을 수 없을 거야. [...] 역사상 정말 위대한 사람은 모두 명상할 줄 알았거나, 적어도 명상함으로써 우리가 이르게 되는 길을 무의식적이나마 깨닫고 있지. 그렇지 못한 자는 아무리 재능이 있고 의지가 강한 자라도, 나중에는 실패하고 말아.

—— 제5권 91쪽

명상은 "마음이 편안해지고 만물과 조화를 이루어"(제5권 105쪽) 조화로운 인격을 갖도록 한다. 크네히트가 유희의 명인이 되자 종단에서는 알렉산더(Alexander)라는 명상술의 대가를 보내, 하루의 일과나 마음의 점검을 받게 한다(제5권 303쪽) . 음악과 명상, 수학과 언어학 등의 순수학문을 교육받은 인재들이, 금욕, 무소유, 봉사 그리고 직책과 명예 등을 포기하는 것 등을 생활 원칙으로 하는 카스탈리엔은 순수한 정신의 전통을 이어가고자 하는 정신의 나라이다.

그러나 크네히트는 제 11장 〈회장〉에서 카스탈리엔의 영재들이 "정신과 수업과 연구와 교양"(제5권 326쪽) 등의 순수 미학과 고도의 지적 세계만을 추구하여, 초기중세 시대의 학문 기관인 수도원과 같은 단체로까지 퇴보한 카스탈리엔의 문제점을 지적하기도 한다.

유리알 유희의 의미 '철학, 종교, 예술, 미학과 윤리'

'유리알 유희'의 역사와 이론에 대해서는 단지 암시만 되어 있고 분명하게 알 수는 없다. 다만 "정신 훈련의 집중된 자각"(제5권 28쪽)으로 유희를 설명한다. 그러나 헤세는 '유리알 유희'의 의미를 헤겔의 변증법적 방법으로 다음과 같이 정의한다.

> 이 유명한 유희는 한때 몇 세대 전에 일종의 예술의 대용물로 시작되었다. 그러나 그것은 적지 않은 사람들에게 점차 하나의 종교로 변하게 되었다.
>
> —— 제5권 121쪽

헤세는 제3장 〈연구시절〉에서 크네히트로 하여금 '유리알 유희'의 의미에 대해 성찰하게 한다. 크네히트는 '유리알 유희'가 첫 번째로 예술의 대용물이 되었다가 종교를 추구하는 것으로 발전했음을 깨닫는다. 또한 유희의 명수인 토마스 폰 데어 트라베(Thomas von der Trave)는 크네히트를 집으로 초대해 '유리알 유희'의 의미에 대해 다음과 같이 설명한다. "우리의 유리알 유희는 철학을 위한 일종의 도구로 쓰려고 생각할거요. [...] 유리알 유희는 철학도 종교도 아니야, 독특한 훈련이며, 그 성격에 있어서는 무엇보다 예술에 가장 가까운 쪽이요.(제5권 125쪽 이하)" 즉 유희의 명수는 철학이 '유리알 유희'에서는 하나의 교육적 방법이며, '유리알 유희'의 마지막 단계는 예술과 미학임을 밝히고 있다. 그러나 나아가 크네히트는 유희의 명수 토마스 폰 데어 트라베가 말한 '유리알 유희'의 마지막 단계인 미학에서 더 나아가 윤리적인 의미를 성찰하는 단계에 도달한다.

> 크네히트의 마음속에 나타난 것은 확실히 미적인 것과 윤리적인 것 사이에 벌어진 낡은 대립이었다.
>
> —— 제5권 121쪽

즉 헤세는 '유리알 유희'의 의미를 헤겔의 변증법 방법에서 시작하여 키르케고르(Søren Aabye Kierkegaard, 1813~1855)의 《이것이냐 저것이냐(Entweder oder, 1843)》로 성찰한다.[10] 《이것이냐 저것이냐》는 사회적 책임을 지고 윤리적 생활을 하는 중년의 B가 탐미적 생활을 영위하는 청년 A에서 보내는 충고 형식의 글이다. 키케르고르의 《이것이냐 저것이냐》의 제10장 〈인격형성에 있어서의 미적인 것과 윤리적인 것의 균형〉에서는 미적인 것과 윤리적인 실존의 균형의 문제를 다루고 있는데,[11] 크네히트는 키르케고르가 말하는 미적인 것과 윤리적인 문제의 갈등이 카스탈리엔 전반에 자리 잡고 있음을 인식하는 것이다.

노형과 테굴라리우스 '성찰적 삶의 전형'

노형

크네히트의 두 번째 스승인 노형(der ältere Bruder)은 종단으로부터 허가를 받아 죽림(Bambus-Hain)에 은둔자로 거주하면서 중국 학문을 연구하는 인물이다. 카스탈리엔의 정신세계 속에 체념하면서 고요하게 은둔하며 사는 모습은 다음과 같다.

> 회색과 노란색의 베옷을 입고 수줍은 듯한 파란 눈에 안경을 낀 여윈 남자가 허리를 굽히며 앉아있던 화단에서 몸을 일으키더니 천천히 손님에게로 다가왔다.
>
> —— 제5권 113쪽

노형의 모습에서 중국의 학문에 심취해 있었던 헤세의 자화상을 찾아 볼 수 있는데,[12] 융의 심리학에 따르면 노형은 헤세의 '또 다른 어떤 인격'을 보여주는 그림자[13]로 설명될 수 있다. 헤세는 자신의 〈좋아하는 책(Lieblingslektüre)〉이라는 글 속에서 중국은 "정신적인 도피처이자 두 번째 고향"(제14권 166쪽)이라 밝히고 있다. 헤세는 도가사상을 믿으며 학문에 몰두하는 신비주의자 노형이라는 인물을 통해 카스탈리엔 내부에서 아웃사이더로서 성찰적 삶을 살아가는 이상적인 학자의 모습을 형상화한다.

노형은 도피의 전형이면서도, 바깥 세계와 격리되어 미학의 세계 속에 살던 크네히트가 카스탈리엔을 떠나게 될 운명을 가지고 있음을 알려준다. 헤세는 리하르트 빌헬름(Richard Wilhelm)의 번역을 통해서 중국의 《주역(I Ging)》을 알게 되었다.[14] 노형은 《주역》에 따라 크네히트의 미래를 암시해주는 예언을 말한다.

> 이 표시에는 명칭이 있는데, 청년의 어리석음이요. 위에는 산, 산 밑에는 물, 위에는 간(艮), 밑은 감(坎), 산 밑에서 솟아나는 샘물은 청년을 비유한 것이오. 해석은 다음과 같다.
>
> 청년의 어리석음이 성공을 보았다.
> 내가 어리석은 그 젊은이를 구한 것이 아니라,
> 그 어리석은 청년이 나를 구한다.
> 첫 괘로 가르치는 것은
> 재차 물으면 불길하고
> 불길하다면, 나는 가르치지 않을 테니
> 참는 것이 길하리라.
>
> —— 제5권 116쪽

크네히트의 운명은 《주역》의 제4괘인 "산수몽"으로, 상괘 간(艮)은 산과 고요함, 하괘 감(坎)은 물과 위험함을 의미하는 괘상이다. 이 점은 고요함과 위험, 젊은이의 어리석음과 극복의 가능성을 말해

준다. 그러나 젊음의 어리석음은 부정적이 아니라, 올바른 가르침을 줄 수 있는 스승을 찾아야 하는 것을 뜻함을 노형의 예언은 말해준다.[15] 이 시를 해석함에 있어서 죽림에서의 크네히트가 스승의 가르침을 받아 성장한다는 해석 외에도, 크네히트의 인생 전반에 대한 예언으로 분석하는 연구들이 있다. 헤세 연구가 미들레톤(J. C. Middleton)은 노형의 예언은 크네히트의 죽음을 암시하면서, 또한 그 죽음의 의미를 알려주고 있다고 해석하고 있다. 불비(Mark Boulby)도 노형의 이 말의 의미에서, 위로 가는 길은 유리알 유희의 명인이 되는 것이요, 아래로 가는 길은 카스탈리엔을 떠나 속세에서 티토(Tito)의 스승이 되는 길임을 말하는 것이라며, 이 시에서 교육자로서의 봉사의 의미가 그 어느 때보다 강조되는 것이라고 해석한다.[16]

테굴라리우스

프릿츠 테굴라리우스는 카스탈리엔 속에서 학문과 성찰적 삶에만 몰두하는 카스탈리엔의 전형적 인물상을 보여주고 있다. 테굴라리우스는

> 코이퍼하임에서 여러 번 우수한 성적을 보인 학생, 뛰어난 고대 언어학자로 특히 철학에 흥미가 있으며, 라이프니츠나 볼차노를 연구했고, 후에는 플라톤을 연구했다. 내가 아는 한 가장 많은 재능을 타고

났으며, 훌륭한 유리알 유희자이다. [...] 그의 결함은 무기력이나 침체 상태, 불면증, 또는 신경통이 있을 때 나타나며, 정신적으로는 가끔 우울증이나 고독을 그리워하거나, 의무와 책임에 대해 불안을 느끼거나, 또 추측컨대 자살 관념 등이 있다.

—— 제5권 129쪽 이하

헤세 연구가 치올코프스키(Ziolowski)는 헤세의 《유리알 유희》에 나오는 "뛰어난 고대 언어학자"이자 "철학"을 연구하는 테굴라리우스란 인물이 바젤대학의 고전 문헌학 교수이자 철학자 니체를 묘사하고 있다는 의미로 《유리알 유희》를 실화 소설(romans à Clef)이라 평한다.[17] 치올코프스키가 지적한 것처럼, 헤세는 당시 독일의 지적·문화적 역사에서 큰 역할을 한 인물인 니체를 언급하면서, 극단적인 성찰적 삶을 비판하고 있다. 테굴라리우스는 탁월한 학자이자 학생들을 지도할 수 있는 보배와 같은 존재이지만 우울증을 갖고 있으며 욕구와 책임에 대한 불안감으로 자살을 때때로 생각한다. 테굴라리우스는 크네히트에게 미학 세계에 빠져 있는 카스탈리엔 사람들은 역사를 연구할 가치가 없다고 역설한다. 헤세는 화자의 말을 빌어 테굴라리우스라는 인물처럼 극단적인 정신세계에 몰두하면서 일어날 수 있는 절망의 위험을 다음과 같이 지적한다.

그는 크네히트에게 카스탈리엔의 최고 능력의 화신인 동시에 그 타락과 몰락을 경고하는 징조를 의미하고 있었다.

—— 제5권 247쪽

테굴라리우스는 지적인 능력에서는 거장이나, 크네히트는 그에게서 미학적 향유에 빠져 남에게 봉사하지 않는 인물의 위험성을 인식한다. 즉 크네히트는 "카스탈리엔의 생명이 새로운 것을 만나 새로운 자극을 받고 젊어졌으나, 단련을 받지 않으면 어느 때든지 한 번은 그렇게 될 수도 있는 카스탈리엔의 전형(제5권 247쪽)"이라고 평하며, 테굴라리우스를 한 편에만 치우친 말기 카스탈리엔의 의인화로 보고 있다.

플리니오와 야코부스 신부 '실천적 삶의 전형'

플리니오

플리니오는 크네히트의 인생행로에 있어서 그와 대립된 인물이면서도, 그에게 카스탈리엔 밖의 세계와의 연결고리 역할을 하며 그가 새롭게 삶의 방향 설정을 하는데 결정적 역할을 하는 인물이다. 제2장 〈발트첼〉에서 플리니오가 처음으로 등장한다. 그는 카스탈리엔의 창설에 지대한 공을 세운 귀족 가문의 자제로 에슈홀츠(Eschholz) 영재학교의 청강생으로 교육을 받는 인물이다. 크네히트와 플리니오 두 사람은 "모두 재능을 타고 났으며 평판이 자자한 학생이었다. 다른 모든 점에서는 대조적이었지만, 그러한 공통점으로 그들은 친구가 되었다."(제5권 80쪽) 플리니오는 크네히트에게 카스탈리엔의 정신적인 교만을 신랄하게 비판하여 다음과 같이 이야기하며 그에게 자극을 준다.

> 소박한 자연스러운 생활에 정신적인 훈련이 따르지 않으면 그것은 진흙탕으로 변하고 동물적이 되며 그 이하로 전락하게 된다는 점을 지적하는 것이 너의 역할이야. 나로서는 순수하게 정신적으로만 흐르는 사람의 모험과 무모함, 결국 아무 결실도 얻지 못한다는 것을 재삼 상기시켜야 해.
>
> —— 제5권 94쪽

플리니오와 크네히트의 성향은 서로 대립되어, 플리니오는 "자연", 크네히트는 "정신"을 상징한다. 그러나 두 사람은 각자의 삶의 형태와 방향을 명료하게 이해하며 자신의 길을 갈 수 밖에 없음을 인식하고 있다. 크네히트는 플리니오의 자극을 통해 카스탈리엔 제도에 회의를 가지게 된다. 플리니오는 그런 의미에서 크네히트에게 "세상으로부터의 최초의 강한 부름"[18]을 인식하게 하는 역할을 한다.

야코부스 신부

제4장 〈두개의 종단〉에서는 크네히트가 마리아펠스 수도원과 카스탈리엔과의 우호관계를 강화시키는 임무를 띠고 마리아펠스로 파견되기 전, 외무담당 장관 뒤보아(Dubois)가 크네히트로 하여금 수도원 체류동안 지켜야 할 행동에 대해 교육하는 내용과 야코부스와의 관계가 시작되는 것이 묘사된다. 뒤보아는 크네히트에게 카스탈리엔의 창설 배경과 정치적 기반에 대한 개요를 말해준다. 크네히트는 뒤보아를 통하여 바깥세상과 카스탈리엔의 상호 의존성에 대해 알게 되고, 카스탈리엔의 현재의 상황과 본래의 설립 의미에 대해 인식하게 된다. 뒤보아는 크네히트로 하여금 외부 세계에 대해 관심을 갖게 할 뿐만이 아니라 카스탈리엔의 상황에 대해 비판적 안목을 지니게 하여, 베네딕트파의 수도원 마리아펠스에서 만난 야코부스 신부의 의견에 쉽게 접근하게 하는 결정적 역할을 한다.

야코부스 신부는 카스탈리엔의 세계가 현실의 삶이 아닌, 지적·미학적 정신세계란 환상의 세계 속에 자리 잡고 있다고 비판하며 다음과 같이 말한다.

> 수학자이며 유리알 유희자인 당신들은 세계사를 완전히 증류시켜 버렸소. 당신들의 세계사는 정신사와 예술사로만 되어 있습니다. 피도 현실도 없습니다. 당신들은 제2·3세기 라틴어 문장 구조의 결점에

> 대해서는 상세히 알고 있지만, 알렉산드로스나 카이자르, 예수 그리스도에 대해서는 아무 것도 모릅니다. 당신들은 세계사를 마치 수학자가 수학을 다루듯이 하고 있죠. 수학에는 법칙과 공식이 있을 뿐이고, 현실이나 선악, 시간도 어제도 오늘도 없고, 그저 있다면 평평하고 영원한 수학적 현실만이 있을 뿐이지요.
>
> —— 제5권 150쪽

그는 카스탈리엔 사람들이 진리를 추구하고자 하는 "최고의 신조(oberster Glaubensatz)"(제5권 330쪽)를 지니며 미학의 세계 속에 파묻혀 살면서, 정치 그리고 신문을 두려워하며 비정치적 입장을 지니면서 외부 세계의 문제에 대해 무관심하고 현실을 두려워하는 경향을 가지고 있음을 파악하고 있다.(참고 제5권 174쪽) 야코부스는 크네히트에게 인간의 양면성을 인식하도록 촉구하며 다음과 같이 말한다.

> 당신들 카스탈리엔 사람들은 위대한 학자이며 미학자이죠. 당신들은 옛 시 속에 나타난 모음의 무게를 다루며 그 공식을 어떤 유성의 궤도에 관련시키고 있소. 재미야 있겠지만 그것은 결국 유희야. [...] 당신들은 인간을 모르오. 그 야만성도 모르고 신성도 모르고 있소.
>
> —— 제5권 169쪽

제5장 〈사명〉에서도 계속해서 크네히트는 야코부스 신부를 통해 역사를 "본능과 유행, 정욕과 소유욕, 권력욕, 살인욕, 폭력, 파괴,

전쟁, 그리고 야심이 강한 장관이나 매수된 장군 또는 폭격으로 파괴된 도시의 전쟁터라고 생각하는"(제5권 322쪽) 카스탈리엔 사람들의 역사관의 한계를 인식하게 된다. 야코부스 신부는 인간의 역사란 인간이 양극성을 인식하는 것이라 설명한다. 크네히트는 야코부스 신부를 통해 역사의 양극성과 역사와 현실과의 연관성을 인식하고 현실에 대한 관심을 갖게 된다. 크네히트는 "우리 자신이 역사이며, 세계사와 그 가운데의 우리 위치에 대해서 공동책임을"(제5권 323쪽) 져야 함을 깨닫게 된다. 이러한 크네히트의 역사관은 부르크하르트의 영향으로 역사의 위기의 순간에 개인의 역할을 알게 된 헤세의 인식에 기초한 것이다.

카스탈리엔의 한계를 경고하는 야코부스 신부는 플리니오에 이어 크네히트에게 "바깥 세계로의 두 번째 결정적인 부름"[19]의 역할을 한다. 크네히트는 야코부스 신부의 영향을 받고, 카스탈리엔의 사람들의 삶의 모습에 대해 다시 성찰하게 된다. 현실의 진실을 외면하면서 성찰적 삶의 방법을 고수하는 카스탈리엔의 삶의 방식에 비판적 안목을 갖게 된 유희의 명인 크네히트는 〈회장〉에서 비정치적 입장을 고수하며 무조건적인 성찰적 삶을 유지하고자 하는 카스탈리엔을 다음과 같은 말로 비판한다. "정신은 진리에 순종할 때만이 유익하고 고귀한 것입니다. 진리를 배반하고 존경하는 마음을 버리고 금전에 매수되어 아무렇게나 굽힐 수 있게 되면 정신은 이내 잠재적인 악마가 됩니다.(제5권 330쪽)" 크네히트는 카스탈리엔 사람들이 현실을 제대로 인식하는 것, 즉 진실에 대해 올바른 인식을 가지기를 촉구한다. 카스탈리엔의 극단적 성찰적 삶에 대해 비판적 자세를 갖게 된 크네히트는 결국 카스탈리엔을 떠나는 이유와 바깥세상 속에서의 봉사의 타당성을 계속해서 다음과 같이 설명하고 있다.

> 자기 국민이 감당해야 할 행위나 희생이나 위험을 회피하는 자는 비겁한 자입니다. 그러나 정신생활의 원리를 물질적 이익을 위해서 배반하는 자, 다시 말하면 2×2는 몇이 된다는 결정을 권력자에게 맡길 용기가 있는 자는 더없이 비겁한 자요, 배신자입니다.
>
> —— 제5권 330쪽

헤세는 1951년 신문에 〈바젤 시절의 회상(Basler Erinnerungen)〉이라는 제목으로 기고하면서, 자신이 부르크하르트의 영향을 받았음을 언급하고 있다. 그는 이미 튀빙엔 시절에 부르크하르트의 저서들을 읽었고 그의 영향력이 강력했음을 기록하고 있다.[20] 헤세가 역사학자 부르크하르트를 야코부스 신부로 형상화시키고 있음은 주지의 사실이다.(제5권 334쪽)[21] 부르크하르트는 역사를 변증법적 측면에서 보는 것을 부정하고 역사에서 지속적이고 전형적인 요소를 발견한다. 부르크하르트는 문화와 역사에 관해, 국가, 종교 그리고 문화의 상호 작용으로 보고 있다. 부르크하르트는 《세계 역사의 관찰》

속에서 국가, 종교, 문화의 관계는 상호작용 속에 있음을 논한다. 국가는 인간의 정치적인 필요 그리고 종교는 인간의 형이상학적 필요에 의한 것이고, 문화는 인간의 기술적, 예술적, 시적, 과학적인 것을 포괄하는 지성적 결과의 결합이다. 부르크하르크를 통해서 헤세는 국가와 종교 그리고 문화가 서로 분리된 것이 아니고 서로 상호 작용을 하는 것임을 깨닫는다. 이러한 관점은 크네히트에게서도 나타난다. 카스탈리엔의 유희의 명인이 된 크네히트는 초보자를 위한 유희 교사의 양성 강습에서, 현실과 이상의 세계, 즉 실천적 삶과 성찰적 삶을 모두 인식하는 삶을 촉구하고 성찰적 삶에만 치우친 카스탈리엔의 한계를 벗어나도록 촉구한다.

> 우리는 실천적 삶에서 성찰적 삶으로 도피해서는 안된다. 그리고 그 반대도 안되는 것이며, 그 두 곳을 오가며 집으로 삼고 두 곳 모두에 관여해야 한다.
>
> —— 제5권 214쪽

크네히트는 카스탈리엔의 사람들도 외부세계의 현실을 인식하는 것이 필요하다는 것을 강조한다. 또한 크네히트는 야코프스 신부와 대화를 나눈 뒤 자신의 결핍을 인식하게 되는데, 그것은 인간과의 관계임을 깨닫는다.[22] 결국 크네히트는 현실 속에서 사람들과 교류하면서 그들에게 봉사하기 위해 카스탈리엔을 떠난다.[23]

내가 되는 것 '깨달음의 문제'

크네히트는 죽림에서 노형과 함께 생활한 후, 카스탈리엔 속에서 학문에 정진해야 할 자신의 소명에 대해 깨닫게 된다. "자기 자신에 대한 인식과, 카스탈리엔의 질서, 인간적 질서 전체 가운데서 자기가 차지하고 있는 위치를 의미하는 것이라고 추측할 수 있지만, 그 초점이 차차 자기 인식으로 기울어지는 것 같이 생각된다."(제5권 115쪽) 크네히트의 깨달음의 순간은 자기의 중심에 이르는 일, 즉 '내가 되는 것(Ichwerdung)'[24]의 과정이다.

크네히트의 첫 번째 깨달음은 카스탈리엔 속에서 자신의 소명을 깨달아가는 것이며, 그 깨달음을 통하여 그는 유리알 유희의 명인이 된다. 제1장 〈소명〉에서 젊은 크네히트와 음악의 대가의 대화 속에 헤세의 인류학적 근본테제가 언급된다.

> 여보게, 진리야 있네. 그러나 자네가 바라는 '가르침', 절대적이고 완전하고 그것만 있으면 지혜로워지는 가르침이란 존재하지 않아. 자네는 완전한 가르침이 아니라, 자네 자신의 완성을 바라야 하네. 신성은 개념이나 책 속에 있는 것이 아니라 자네 안에 있어. 진리는 체험되는 것이지. 가르쳐지는 것이 아니야.
>
> —— 제5권 72쪽

인간이 완전함을 추구하는 것은 자기 자신의 신성함을 깨닫는 것임을 크네히트는 음악의 대가를 통해 깨닫게 된다. 즉 크네히트는 인간 스스로가 셸링(Friedrich Wilhelm Joseph von Schelling, 1775~1854)적 의미의 절대 존재(Absolutum)임을 알게 된다. 그리고 그 다음 단계로 크네히트는 야코부스 신부와 만난 다음에 깨달아야 할 중요한 것이 진리의 문제가 아니라 현실을 인식하는 것임을 깨닫는다. 크네히트에게 깨달음의 의미는 다음과 같이 표현된다.

> 깨달음을 획득할 때 문제가 되는 것은 진리와 인식이 아니라, 현실과 그것을 체험하고 그것을 이기는 것이라고 생각되었다. 각성할 때는 사물의 핵심이나 진리에 한층 더 가까워지는 것이 아니라, 눈앞에 놓인 사물의 상태에 대한 자기 태도를 파악하여 밀고나가며 때로는 인내하는 것뿐이었다. 그때 발견하는 것은 법칙이 아니라 결심이었다. 세계의 중심이 아니라 자기의 중심에 이르는 일이었다.
>
> —— 제5권 350쪽

크네히트는 야코부스 신부와의 대화를 통해 자신이 카스탈리엔이라는 성찰적 세계 속에만 몰입되어 있음을 알게 되면서, 자신의 사명 의식, 즉 바깥세계에 대한 책임과 인식을 강조하는 깨달음을 얻게 된다. 결국 크네히트는 바깥 세계 속에서 약속을 이행하는 실천적 삶을 위해 카스탈리엔의 배타적인 성찰적 삶의 단계를 떠나는 결정을 하게 된다. 크네히트의 최종 결정은 거리를 두고 성찰하거나 상황을 지적으로 분석하는 것이 아니라, 현실에 포함되거나 헌신하는 것을 의미한다. 카스탈리엔의 바깥세상, 즉 현실 속에서의 자신의 소명을 인식한 크네히트에게 각성의 의미는 카스탈리엔을 떠날 준비, 그리고 변화할 준비[25]가 되어 있음을 뜻하는 것이다. 크네히트의 마지막 깨달음의 단계는 결정 내지는 결심의 단계이다. 다시 말해 크네히트에게 깨달음의 의미는 더욱 확고하게 운명으로부터 결정된 자신의 길을 갈 것을 인식하는 것이다.

새로운 공간으로의 변화는 깨달음 혹은 새로운 시작을 알린다. 다음의 시는 깨달음이 단계적으로 나타나 새로운 시작, 또는 과거의 상황 혹은 전단계로부터의 이별을 의미함을 말하고 있다.

단계 (1941)

꽃이 시들고 청춘이 늙음에 굴복하듯이
삶의 각 단계도 지혜도 덕도 모두
그때마다 꽃이 필 뿐
영속은 허용되지 않는다.
삶이 부르는 소리를 들을 때마다
마음은 용감하게 슬퍼하지 말고
또 다른 새로운 단계에 들어갈 수 있도록

이별과 새로운 시작을 준비해야만 한다.
무릇 생의 단계의 시초에는
우리를 지켜주고 살아가도록 도움을 주는 마력이 깃들어 있다.

우리는 생의 공간을 명랑하게 하나씩 지나가야하니.
어느 곳에도 고향 같은 집착을 느껴서는 안된다.
우주의 정신은 우리를 붙잡아 두거나 구속하려하지 않고,
우리를 한 단계씩 높이며 넓히려고 한다.
우리 생활권에 뿌리를 내리고
정답게 들어앉으면 무기력해지기 쉬우니.
새로운 출발과 여행을 떠날 각오가 되어 있는 사람만이
우리를 마비시키는 습관에서 벗어나리라.

임종의 시간에도, 다시 우리를 새로운 공간으로 향하게 하고
젊게 꽃피워줄지도 모른다.
우리를 부르는 생의 외침은 결코 그치는 일이 없으리라...
그러면 좋다. 마음이여, 작별을 고하고 건강하여라!

—— 제10권 366쪽

시 〈단계〉에서 말하는 깨달음은 현실에 안주하는 것이 아닌, 새로운 또 다른 관계로 나아가는 것이다. 헤세는 새로운 시작을 위해 이별을 준비해야 함을 첫 번째와 세 번째 연에서 반복하여 말하고 있다.[26] 크네히트의 단계별 각성은 다양하게 나타난다. 크네히트가 처

음 고향을 떠나 새롭고 낯선 카스탈리엔에서 깨닫는 것은 자신이 처해있는 곳에서 해야 할 일을 알아가는 것이다. 크네히트의 마지막 단계의 깨달음은 바깥세상에서의 대중적인 영향을 미치는 인물이 아닌, 한 인간에 대한 교육자로서로 살아갈 결심을 의미한다. 이러한 결정은 제도나 국가 혹은 사회적인 정책을 수립하는데 희망을 걸기 보다는, 혼자서 책임을 가지고 살아가며 개개인에 희망을 걸고 있는 헤세의 사회에 대한 봉사의 한 방법이다. 이는 고립주의자(Einzelgänger)[27]임을 자처하는 헤세만의 사회봉사의 방법일 것이다.

우리 시대에 요구되는 것 '인격, 양심 그리고 책임'

《유리알 유희》의 주인공의 이름(Knecht)는 하인이란 뜻으로 이름부터 봉사하는 자를 의미한다.[28] 헤세는 1933년 9월 25일자 편지에서 사회 문제 의식에 대한 공동의 책임에 대해 다음과 같이 언급하고 있다.

> 한 인간이 스스로에게 많은 것을 요구하고, 이러한 요구를 다른 이들에게까지 확장시켜 자신의 삶을 선한 것을 위한 "투쟁"으로 만든다면, 나는 그것을 이해하고 인정한다. 그러나 나는 이에 대한 판단을 포기해야만 한다. 왜냐하면 나는 투쟁, 행동, 대립을 전혀 가치 있다고 여기지 않기 때문이다. 세상의 변화를 꾀하는 모든 의지가 전쟁이나 폭력으로 유도되는 것을 나는 알고 있다. 그러나 그러기에 반대의 편에

도 설 수 없다. 왜냐하면 나는 반대편도 인정하지 않으며 지상의 불법과 악의가 치유가 가능하다고 믿지 않기 때문이다. 우리가 변할 수 있고 변해야 한다면 우리 스스로이다. 우리의 조급함, 우리의 이기주의(정신적인 것도 함께)에 모욕당한 사람들, 사랑과 관용의 결핍이다.[29]

헤세는 이 글을 통하여 도덕적-정치적 신념을 가지고 사회 속에서 대중의 참여를 유도하는 것보다는, 개인의 양심에 근거하여 실질적이고 개인적인 삶의 진실을 추구하려는 자신의 평소의 철학관 내지는 소신을 말하고 있다. 헤세는 “우리 시대에 필요한 것과 요구되는 것은 유능한 관료주의나 활동이 아니라, 인격, 양심 그리고 책임이다.”[30]라고 말하며, 책임의 소재를 개개인의 의식에 의존한다.

《유리알 유희》에서 처음으로 크네히트에게 카스탈리엔의 이상적 비전과 교육자의 이상, 그리고 봉사의 의미를 보여주는 인물은 음악의 대가이다. 그는 크네히트에게 유리알 유희의 위험을 경고한다.[31] “신성이라는 것은 자네 마음속에 있지, 개념이나 책 같은데 있는 것이 아니네. 진리라는 것은 살아있는 것이지 가르칠 것이 아니야.”(제5권 72쪽) 제1장 〈소명〉에서 음악의 대가는 베롤핑엔(Berolfingen) 라틴어 학교에 크네히트의 음악 시험을 치루기 위해 그와 처음으로 대면한다. 음악의 대가가 보는 음악 시험은 다른 여느 시험처럼 엄격하게 치러지는 것이 아니라, 대가는 크네히트에게 다정하게 인사를 하고 그와 오랫동안 함께 연주하며 친구가 된다. 크네히트는 “대가에 대한 존경과 사랑으로 설레고 있었다. [...] 눈앞에 전개되는 그 곡 속에 있는 법칙과 자유, 봉사와 지배를 즐겁게 조화시키는 정신을 그는 희미하게 느꼈다."(제5권 46쪽) 음악의 대가는 가르치면서 제자의 숨겨진 재능과 능력을 발휘하도록 하면서 교육적으로 사회에 봉사하는 가장 이상적 모습을 보여준다. 그리고 결정적으로 크네히트는 야코부스 신부로 인하여 사회와 역사에 대한 책임을 인식하게 되고 결국 사회에 대한 봉사를 속세에서 교육하는 것으로 파악한다.

크네히트는 열한 번째 〈회장〉의 장에서 카스탈리엔을 떠나면서 바깥 세계에 대한 책임을 언급한다. 성스러운 의미가 완성되는 미래를 위해 자신을 희생하는 의미는 헤세의 시 〈시인과 그의 시대(Der Dichter und seine Zeit, 1929.8.31)〉에서도 나타나 있다.

> 영원한 형상에 충실하게, 관찰하며 확고하게
> 그대는 행동과 희생 봉사할 준비가 되어 있어야 한다.
> 외경심이 없는 시대에
> 그대에게 직책, 단상, 품위와 신뢰가 부족하더라도.
>
> 지위를 잃어버리더라도 세상의 조롱을 받더라도,
> 단지 그대의 명성을 의식하면서 만족할 줄 알아야 할 것이다.
> 녹슬지 않는 보물들을 보호하기 위해
> 영광과 삶의 즐거움을 포기하면서.

그대에게 성스러운 목소리만 들릴 동안은,
장바닥의 조롱이 그대에게 해를 끼치지 못할 것이니.
그 목소리가 의혹 속에 죽어간다면, 그대는
자신의 마음에 의해 지상의 바보로 조롱받을 것이다.

그러나 더 나은 미래의 완성을 위해
고통스러울지라도 봉사하는 것이 나을 것이다. 행위 없는 희생은,
그대의 고통의 의미인, 그대의 소명에 대한 배신으로
지배하게 될 것이다.

—— 제10권 303쪽

원래 카스탈리엔은 혼탁하고 탐욕스러운 바깥세상과 세속의 환락을 거부하고 금욕하며 엄격한 정신적인 연구에 몰두하여, 음악가, 언어학자, 수학자 등의 학자를 길러내는 것을 목표로 한다. 그러나 점차적으로 카스탈리엔 사람은 외부와 담을 쌓으며 외부 세계에 대한 책임을 외면하고 카스탈리엔 내부에서 "특권"을 누리는 것을 당연하게 생각하게 된 것이다. 그러나 카스탈리엔의 재정적 책임을 지는 외부세계가 전쟁과 같은 문제로 인하여 카스탈리엔을 유지시키는데 어려움을 느끼고, 카스탈리엔을 "기생충이나 해충이나 또는 사교(邪敎)를 떠들어대는 자요, 원수와 같이 느끼게"(제5권 321쪽)될 가능성도 있음을 크네히트는 알게 된다. 크네히트는 자신의 봉사에 대한 사명을 교육국에 보내는 사직서에 다음과 같이 밝히고 있다.

학교에 대해서, 세속적인 학교에 대해서 겸손하고 책임이 있는 무거운 봉사를 하는 것을 우리 임무 중 가장 중요하고 명예로운 부분으로 인정하며 그것을 완성해야 할 것입니다.

—— 제5권 333쪽

크네히트는 교육자로서의 자신의 소명을 인식하며, 그것을 자신의 방법으로 실천하려 카스탈리엔을 떠난다. 열두 번째 〈전설〉의 장에서 크네히트는 학창시절의 친구인 플리니오를 찾아가, 스스로 "영향력 있는 귀족가의 외아들이자 미래의 통치자가 될 인물, 국가와 민족을 사회적으로나 정치적으로 형성할 수 있는 인물로 모범이 되고 지도자가 될"(제5권 388쪽) 티토(Tito)의 스승이 되겠다고 한다. 크네히트는 학문과 명상뿐만이 아니라 활동을 겸비한 유능한 인물을 지도하기 위해 봉사하는 것을 자신의 중요한 과업으로 생각한다.

헤세는 《유리알 유희》 속의 크네히트라는 인물의 삶과 결심을 통하여 자신의 세대의 "영혼과 지성인의 삶"[32]과 존재론적 앙가주망을 연관시키고 있다. 크네히트로 하여금 성장하게 하고 깨달음을 획득하여 자신의 소명을 깨닫게 하는데 성찰적 삶과 실천적 삶의 대립된 세계가 있다.

헤세는 《단계》라는 시에서 크네히트에게 깨달음이란 과거의 단계와 이별하여 더욱 발전하는 것을 의미하는 것이라고 말한다. 크네히트는 자신의 교육의 근저인 카스탈리엔의 성찰적 세계에서 성장하지만, 결국 카스탈리엔의 한계를 인식하면서 카스탈리엔이 고도로 추상화되는 것을 비판하고, 카스탈리엔을 떠나 현실세계 속에서 교육자로 봉사할 것을 결정한다.

크네히트에게 깨달음의 순간은 내가 되는 과정, 즉 '자기의 중심에 이르는 과정'을 관찰할 수 있는 시간이며, 또한 모든 것에 대해 열린 마음으로 그리고 진실을 받아들일 수 있는 것을 의미한다.

희생적 '죽음'

《유리알 유희》의 마지막 장인 〈전설〉은 크네히트가 카스탈리엔 밖의 현실에서 교육자로서 봉사하기 위해 유리알 유희의 명수직을 내려놓기로 결정하는 것부터 시작한다. 그리고 알렉산더 종단 수석과 마지막 면담을 하고는 카스탈리엔을 떠난다. 플리니오 집에 도착하여 산 속의 벨푼트(Belpunt) 산장에 미리 가 있는 티토에게 갔다가, 다음 날 호수에서 익사하는 내용이 묘사되어 있다.

카스탈리엔을 떠난 다음 날, 크네히트는 마차를 타고 벨푼트로 가서 티토를 만난다. 크네히트는 저녁 식사 후 몸이 불편함을 느낀다. 다음 날 아침 크네히트는 티토가 스포츠를 좋아하는 성향을 가지고 있음을 알게 되면서 "운동 친구가 되어 불같은 젊은이를 가르치고 길들이는 하나의 방법으로 이용할 결심을 했다."(제5권 389쪽 이하)

크네히트는 음악으로 제자를 다스리려한다. 티토는 호수에서 태양을 바라보고 자연 속에서 도취 상태로 춤을 추다가, 스승에게 수영내기를 하자고 청한다. 크네히트는 몸이 불편함에도 불구하고 제자에게 "순수한 마음으로 같이 하면서, 스승이 겁쟁이도, 샌님도 아니라는 것을 젊은이에게 충분히 보여주기 위해(제5권 390쪽)" 티토의 제의를 거절하지 않고, 얼음처럼 차가운 호수에 뛰어들다가 결국은 죽음을 맞이한다. 티토는 스승의 죽음에 죄의식을 느낀다. 그리고 다음과 같이 말한다. "오, 어쩌면 좋을 것인가? 자신이 그 사람의 죽음에 책임이 있다고 생각하니 그는 놀라지 않을 수 없었다. 이미 끝까지 싸우며 항거할 필요 없는 이때 비로소 놀란 마음의 비애 속에서 자기가 이 사람을 매우 사랑하고 있음을 느꼈다. 아무리 변명을 해도 명수의 죽음에 자신도 책임이 있다는 것을 느끼면서, 이 책임이 자신과 그의 삶을 변화를 일으키며 지금까지 자기가 스스로에게 요구했었던 것보다 더 위대한 것을 요구하리라는 예감에 사로잡히자 곧 그는 신성한 전율을 느꼈다."(제5권 394쪽) 티토의 죄의식은 그의 정신적 발전의 추진력으로 작용할 수 있기에, 크네히트는 교육자로서의 성과를 획득한다고 볼 수 있다. 헤세는 크네히트의 희생적 죽음에 대해 한 여성독자에게 보낸 편지에 다음과 같이 말하고 있다.

> (크네히트)는 현명하고 품위 있게 그것을 거절할 수 있었을 것이다. 그러나 그는 몸 상태가 좋지 않았음에도 산의 호수로 뛰어 들었다. 그는 이기기 어려운 소년을 실망시키지 않기 위해 물 속으로 뛰어든 것이다. 그리고 자신보다 훨씬 뛰어난 한 남자의 희생적 죽음이 일생 동안 경고와 가르침을 의미하고 그리고 현자의 모든 기도보다 그에게 더욱 교육적 의미를 줄 수 있다는 것을 티토에게 남긴 것이다.[33]

크네히트의 죽음이 티토의 정신적 발전에 긍정적 영향을 미쳤기에, 크네히트의 죽음은 제자를 위한 희생적 죽음이라 할 수 있다. 또한 그는 자신의 희생적 죽음을 통해 진정한 교육자의 정수를 보여준다. 여러 단계의 깨달음을 획득하면서 크네히트는 마지막으로 보다 나은 세상의 완성을 위해 자신을 희생하고 봉사할 교육자의 실천적이고 희생적 삶을 선택한 것이다.

헤세는 《페터 카멘친트》와 《나르치스와 골트문트》에서 작가 또는 예술가로서의 자아의 존재를 확인하고, 《데미안》, 《싯다르타》 그리고 《황야의 이리》에서는 자아 힐링을 말하며, 《유리알 유희》에서는 크네히트란 인물을 통해 사회와 세상의 힐링을 위해 헌신적으로 봉사하려는 실천적이고 교육자적 인물을 창조하고 있다.

주석

참고문헌

작가연보

1부: 영혼의 전기 _ 페터 카르멘친트

1 Vgl. Joseph Mileck: Hermann Hesse, Dichter, Sucher, Bekenner. München 1979, S. 35.

2 Fritz Böttger: Hermann Hesse. Leben, Werk, Zeit. Berlin 1974, S. 98f.

3 재인용. 홍순길: 헤세의 생애를 통해 본 방랑과 안주의 모티브. 헤세연구 제8집 2002, 45쪽.

4 Vgl. Joseph Mileck:, a.a.O., S. 30.

5 프리드리히 마이네케: 랑케와 부르크하르트. 차하순 역. 서울 1979. 34쪽 참조.

6 Joseph Mileck:, a.a.O., S. 30.

7 Martin Pfeifer: Erläuterungen zu Hermann Hesse. Peter Camenzind. Unterm Rad. Knulp. Sttutgart 1978, S. 23f. 프란체스코의 《아시시의 프란체스코의 꽃다발(Der Blütenkranz des heiligen Franz von Assisi)》이 오토 폰 타우베 Otto v. Taube라는 사람에 의해 1905년 번역되어 독일에서 출간되었다. 헤세는 1905년 5월 21일자 〈새로운 취리히 신문〉 1905년 6월 2일자 잡지 《고대 그리스의 신전의 열주(Propyläen)》 속에 이 저서에 대해 언급하고 있다.

8 Joseph Mileck: a.a.O., S. 54. Martin Pfeifer: a.a.O, S. 23.

9 Vgl. George Wallis Field: Hermann Hesse. Kommentar zu sämtlichen Werken. Hans-Dieter Heinz. Stuttgart 1977, S. 75.

10 Michels Volker (Hrsg): Mit Hermann Hesse durch Italien. Ein Reisebegleiter

durch Oberitalien. Frankfurt am Main 1988 S.S. 63.

11 Volker Michels: a.a.O., 62 ff.

12 Vgl. HG 2. S. 69.

13 Volker Michels: ,a.a.O., S. 54.

14 Vgl. Martin Pfeifer, a.a.O, S. 38.

15 Volker Michels: a.a.O., S. 113f.

16 홍순길: 앞의 책, 42쪽 이하 참조.

17 Vgl. Volker Michels: a.a.O., S. 32.

18 Vgl. Volker Michels: a.a.O., S. 34.

19 박광자: 헤르만 헤세의 소설. 충남대학교 출판부. 1998. 29쪽 참조.

20 Volker Michels: a.a.O., S. 74.

2부: 진정한 자아를 찾아서 데미안

1 박광자: 앞의 책, 1998.

2 Michael Limberg: Höllenreise durch mich selbst. 헤세연구. 제10집 2003, 39~55쪽. 박정희: 자아를 찾아 떠나는 여행. 헤세 연구, 제19집 2008, 108~128쪽.

3 Hugo Ball: Hermann Hesse. Sein Leben und Werk. Frankfurt am Main 1977, S. 137 und 142.

4 Volker Michels: Materialien zu Hermann Hesses Demian. Bd. I. Suhrkamp: Frankfurt am Main, 1993, S. 107~114.

5 C.G.Jung: 꿈에 나타난 개성화과정의 상징. 한국융연구원 C.G. 융저작번역위원회 옮김, 서울 2006.

6 앤드류 새뮤얼: 융 분석비평사전. 민혜숙 옮김. 동문선 2000, 128~129쪽.

7 이영임: 《데미안》 - 변용의 신화. 헤세연구 제3집 2000, 73~87쪽, 여기는 77쪽.

8 참고. 칼 구스타프 융: 원형과 무의식. 한국융연구원 C.G. 융저작 번역위원회 옮김, 서울 2002.

9 앤드류 새뮤얼: 위의 책, 226쪽.

10 정경량: 헤세의 《데미안》에 나타난 기독교와 신비주의. 헤세연구 제5집. 2001, 49~65쪽, 여기는 59쪽 이하.

11 박광자: 헤세의 소설과 융(Jung) 심리학. 헤세연구 제1집. 1998, 64쪽 참조.

12 앤드류 새뮤얼: 앞의 책, 238쪽 이하 참조.
이부영: 분석심리학. C.G.Jung의 인간심성론. 일조각 2002, 316쪽 이하 참조.

13 Verena Kast: Trotz allem Ich. Freiburg im Breisgau, 2003, S. 122.

14 Vgl. www.hhesse.de.

15 에리히 너이만: 위대한 어머니 여신. 박선화 역. 살림 2009 참조.

16 Vgl. George Wallis Field: a.a.O., S. 88.

17 Vgl. Volker Michels: Materialien zu Hermann Hesses Demian, a.a.O., S. 28.

18 앤드류 새뮤얼: 위의 책, 236쪽 이하 참조.

19 Volker Michels: a.a.O., S. 14.

20 Volker Michels: a.a.O., S. 24f.

21 Volker Michels: a.a.O., S. 26.

22 Peter Huber: Der Steppenwolf. Psychische Kur im deutschen Maskenball. In: Recklam Interpretationen. Hermann Hesse - Romane, Stuttgart 1994, S. 99.

23 Hugo Ball: a.a.O., S. 144.

24 Hermann Hesse: Eigensinn. Biographische Notizen. Frankfurt am Main 1977, 23.

25 Volker Michels: a.a.O., S. 42.

26 Helga Esselborn-Krumbiegel: Demian. Die Geschichte von Emil Sinclairs Jugend. In: Recklam Interpretationen. Hermann Hesse-Romane, Stuttgart 1994, S. 47f.

27 C.G.Jung: 꿈에 나타난 개성화과정의 상징. 한국융연구원 C.G. 융저작번역위원회 옮김. 서울, 2006, 13쪽 이하.

28 제12권 154쪽.

29 George Wallis Field: a.a.O., S. 85.

3부: 고뇌로부터의 구원 _ 싯다르타

1 이인웅: 헤르만 헤세의 종교적 편력. 헤세연구 14집 2005, 9쪽. 헤세는 실제로 노자의 《도덕경》, 장자의 《남화경》과 《벽암록》, 《불경》, 《시경》과 《서경》, 《맹자》, 공자의 《논어》, 《열자》와 《양주》, 《예기》와 《여씨춘추》 등 다양한 동양 철학서를 탐독했다. 정경량: 헤세와 신비주의. 한국문화사 1997, 139쪽 이하.

2 이인웅: 앞의 책, 9쪽.

3 Brief an Felix Braun von Februar 1922. In: Materailien zu Hermann Hesses Siddhartha. Bd. 1. Hrsg. von Volker Michels. Frankfurt/M. 1975. S. 152. 헤세는 펠릭스 브라운에게 "헤라클레이토스의 길은 나에게 친근합니다. 나는 인도의 옷을 입고 브라만과 부처에서 출발하여 노자로 끝나는 그 어떤 비슷한 것을 오랫동안 찾아왔습니다."라고 밝히고 있다. 1919년 12월에 《싯다르타》를 시작하여 1년 동안 중단하다, 다시 작품 집필을 쓰면서 브라운에게 쓴 이 편지를 보면, 그가 싯다르타의 깨달음을 위해 노장사상에 열중하였음을 추측할 수 있다.

4 헤세는 슈테판 츠바이크에게 1922년 11월 27일자 편지에서 "부처보다는 노자에 더 가깝다."라고 말하고 있다.

5 Vgl. Christian Immo Schneider: Hermann Hesse. München 1980. S. 120.

6 Vgl. 박영호: 다석 사상으로 본 불교 반야심경. 두레 2001. 여기에서 4성제는 자아를 없애고 법아로 거듭나고, 8정도는 법아로 거듭나는 데는 참되게 생각해야 한다는 것을 의미한다. Lerpy R. Shaw: a.a.O., S. 102.
Theodore Ziolkowski: a.a.O., S. 140.

7 Vgl. Hugo Ball: a.a.O., S. 313f. 박광자: 앞의 책. 1998, 78쪽 이하. 참고할 것. 여기에서 '설법의 세계', "감성의 세계", "강가에서"로 구분되어 있다. 홍순길: Hermann Hesse의 《Siddhartha》 연구 - 主題, 構造, 思想的 背景. 서강대학교 1983, 8쪽이하, 32쪽 참조. 이신구: 헤세와 음악. 80 쪽 이하. 《싯다르타》에서 유난히 두드러진 숫자는 3이다. 앞에서 지적하고 있는 것처럼, 《싯다르타》의 소설 구성도 3 단계로 구성되어 있다. 헤세의 평전을 쓴 후고 발은 헤세와 인도 음악의 관계를 설명하고 《싯다르타》를 인도의 사제적인 3박자 음악으로 이해하였다. 정경량: 앞의 책, 202쪽.

8 제3권 375쪽. 우파니샤드의 시세계에 나와 있는 "너의 정신은 전 세계이니라" 라고 말하듯이, 싯다르타는 자신의 아트만을 정립하기 위해 노력한다.

9 제12권 130쪽. Theodore Ziolkowski: Siddhartha-Die Landschaft der Seele. In: Materialien zu Hermann Hesses Siddhartha. Bd. 2. Hrsg. von Volker Michels. Frankfurt/M. 1974, S. 139.
헤세는 그의 《나의 믿음》에서 자신의 종교적 신앙이 완성되는 과정을 그린 작품으로 평하고 있듯이, 싯다르타는 불교에서 목표에 도달한 자란 의미를 지닌다.

10 Vgl. Lerpy R. Shaw: Zeit und Struktur des Siddhartha, In: Materialien zu Hermann Hesses Siddhartha. Bd. 2. Hrsg. von Volker Michels. Frankfurt/M. 1974, S. 105.

11 Vgl. Lerpy R. Shaw: a.a.O., S. 107.

12 zitiert nach Schneider, Christian Immo: Siddhartha. Eine indische Dichtung. In: Hermann Hesse. Romane. Stuugart 1974, S. 65.

13 Vgl. Ebd.

14 여기에서 흥미로운 것은 부처는 스스로 명상과 고행을 거쳐 깨달음을 득도하지만, 싯다르타는 현자의 도움으로 깨달음을 획득한다. 헤세가 《싯다르타》를 완성할 때 동양의 사상을 이해하여 자신의 작품을 완성하듯이, 싯다르타도 바수데바의 사상이 그의 깨달음을 도와준다.

15 Vgl. Edwin F. Casabeer: Siddharths: der vollendete Held, In: Materialien zu Hermann Hesses Siddhartha. Bd. 2. Hrsg. von Volker Michels. Frankfurt/M. 1974, S. 171. 헤세 스스로 설명하듯, 카마수트라는 사랑과 감각의 신이다. 그러므로 카말라와 카마스와미는 이런 의미에서 감각의 세계라 설명할 수 있다.

16 Schneider, Christian Immo: a.a.O., S. 64.

17 독일 위키피디아 참조.

18 여기에서 흥미로운 것은 괴테의 《파우스트》 2부 시작의 파우스트의 깊은 잠과 휠덜린의 《휘페리온》의 성찰의 문제에 있어서 《싯다르타》와의 유사성이다. 파우스트는 1부에서 그레첸의 비극을 경험하고 2부 시작 부분에 깊은 잠에 빠진다. 그리고 곧 깨어나 대지로부터 새로운 힘을 얻고 이제까지 경험했던 세계보다도 더 넓은 사회 속

으로 뛰어든다. 그러나 싯다르타는 깊은 잠에서 깨어난 후에 뱃사공 바수데바가 일하고 있는 강가, 즉 자연 속에서 자기 깨달음의 길을 걷는다. 횔덜린의 《휘페리온》에서 휘페리온이 젊은 시절에 모든 것을 경험한 뒤 자연 속에서 은자로 살아가면서 자신을 성찰하는 것과 같다. 휘페리온은 그리스의 현자들의 세계에서, 싯다르타는 동양의 세계에서 자신의 해결을 찾는다는 것이 차이를 이룬다.

19 제12권 132쪽. 《나의 믿음(Mein Glaube, 1931)》에서 《싯다르타》는 '사랑'이 어떤 교리보다도 더 중요한 주제임을 알려주는 작품이라고 밝히고 있다.

20 Vgl. George Wallis Field: a.a.O., S. 95.

21 앞서 헤세 스스로 이야기한 것을 밝힌 것처럼, 《싯다르타》의 마지막에 바수데바와 강의 의미는 노자의 사상을 찾아 볼 수 있다. 바수데바의 인물 형성 그리고 강의 의미에 대한 중국의 도가적 사상 연구는 정경량: 헤세와 신비주의 서울 1997. Röttiger, Jörg: Die Gestalt des Weisen bei Herman Hesse. Bonn 1980. Adrian Hsia: Hesse und China, Frankfurt/M 1974.를 참고할 것. 뢰티거에 따르면 81개의 장으로 구성된 《도덕경》의 내용이 《싯다르타》의 지혜로운 바수데바의 삶의 철학과 강의 의미에서 실현되고 있다.

22 Zitiert nach Christian Immo Schneider: a.a.O., S. 64f.

23 Zitiert nach George Wallis Field: a.a.O., S. 95.

24 룩스는 영화를 찍는 배경을 설명하는 인터뷰에서 영화를 인도의 북쪽 지방에서 촬영했음을 밝히고 있다.

4부: 현대 지식인의 병리적 전기 _ 황야의 이리

1 박광자: 앞의 책 1998, 9쪽.

2 노태한: 헤르만 헤세와 현실 참여. 독어교육 20집 2000 참조.

3 Martin Pfeifer: Hermann Hesse - Der Steppenwolf. Bausteine. Hollfeld 1986.

4 George Wallis Field: a.a.O., S. 99.

5 마틴 키친: 사진과 그림으로 보는 케임브리지 독일사. 유정희 옮김. 시공사 2001, 280쪽 이하.

6 Zitiert nach Heinz Arnold Ludwig(Hrsg.): Herman Hesse, S. 1.

7 예를 들어 할러는 바흐와 같은 고전적 음악을 들을 때면 미소를 짓는 등 만족감을 느끼지만, 근대 음악의 기법을 사용한 레거 Max Reger의 음악에는 절망한다. Vgl. 이신구: 《황야의 이리》 - 불멸의 음악. 헤세연구 1집(1998), S. 141.

8 프랑크푸르트학파의 호르크하이머와 아도르노는 《계몽의 변증법》 속에서 당시의 오락 산업의 육성, 매스 미디어의 급속한 발전, 전체주의 정권에 의한 문화 조작 등에 대한 비판적 관점에서 문화 산업이란 용어를 처음으로 사용하고 있다. 또한 산업이란 자칫하면 영혼을 물화시킬 수 있다는 경고의 메시지를 전하기 위해 문화산업이라는 용어를 사용하고 있다.

9 Vgl. Theodor Adorno und Max Horkheimer: Dialektik der Aufklärung. Frankfurt 1988 S. 240. 당시에 라디오에서 들리는 총통의 목소리는 공습의 공포를 알리는 사이렌 소리로 이어진다. 그리고 동시에 라디오에서 토스카니니와 베토벤을 공짜로 들을 수 있다. 청취자들은 라디오를 통해서 들을 수 있는 총통의 연설의 의미와 공짜로 들을 수 있는 토스카니니의 방송의 의미를 생각해야만 했었다.

10 Martin Pfeifer: a.a.O., S. 87.

11 Kölner Tageblatt, Nr.610 v. 24.10.1915, Zitiert nach Martin Pfeifer: Hermann Hesse. Der Steppenwolf. Siddhartha. Analysen und Reflexionen, Hollfeld 1984, S. 80.

12 재인용. Volker Michels(Hrsg.): Materialien zu Hermann Hesses 〈Steppenwolf〉, Frankfurt am Main 1972, S. 152.

13 Peter Huber: a.a.O., S. 76.

14 Zitiert nach Heinz Arnold Ludwig(Hrsg.): a.a.O., S. 1.

15 박광자: 앞의 책, 98쪽.

16 Vgl. George Wallis Field: a.a.O., S. 102.

17 Zitiert nach Volker Michels(Hrsg): a.a.O., S. 167.

18 고대 근동지방의 대모신(大母神).

19 Zitiert nach Volker Michels(Hrsg): a.a.O., S. 171.

20 Peter Huber: a.a.O., S. 105f.

21 재인용. 김윤상: 타나토-에로스적인 미의 이념. 헤세연구 16집 2006, 51쪽.

22 Martin Pfeifer: Hesse-Kommentar zu sämtlichen Werken, München 1990, S. 56.

23 Volker Knäufermann: Sprache und Neurose. Zu Hermann Hesses Steppenwolf, in: Etudes Germaniques 1974, S. 283.

24 Vgl. Peter Huber: a.a.O., S. 103,

25 Vgl. Gisela Pohlmann: Das Problem der Wirklichkeit bei Hermann Hesse. Münster 1951, S. 147ff.

26 Richard B Matzig: Der Dichter und die Zeitstimmung. Betrachtungen über Hermann Hesse Steppenwolf. St. Gallen 1994, S. 29.
할러의 예술가적 기질은 소설 속에 헤르미네에 의해 지적된다.(제4권 142쪽 이하.)

27 헤세는 1903년 1월에 황야의 이리의 모티브가 되는 단편 소설을 《어떤 몰락(Ein Untergang)》이라는 제목으로 썼다. 후에 그는 《이리(Der Wolf)》라고 고쳤다. 제목에서도 헤세의 병리적 전기라는 것이 충분히 설명된다. Vgl. Martin Pfeifer, a.a.O., S. 64.

28 Richard B Matzig: a.a.O., S. 30.

5부: 자아인식과 자기실현의 과정 _ 나르치스와 골트문트

1 George Wallis Field: a.a.O., S. 110.

2 Martin Pfeifer: Erläuterungen zu Hermann Hesses "Narziss und Goldmund". C. Bange Verlag-Hollfeld/Ofr. 1978, S. 14.
참고. Joseph Mileck: Hermann Hesse. Dichter, Sucher, Bekenner. München 1979, S. 199~212. 헤세의 작품에서 양극성은 정신과 자연 외에 예술과 삶, 예술과 시간, 예술가와 시민, 무상함과 지속성, 시간성과 초시간성 등을 중심으로 전개된다.

3 박광자: 앞의 책, 115~137쪽 참조. 노태한: 헤르만 헤세의 예술가 소설 《나르치스와 골트문트》. 독어교육 27권 2003, 209~239쪽. 국내에서는 박광자의 저서 《헤르만 헤세의 소설(1998)》과 노태한의 논문 《헤르만 헤세의 예술가 소설 나르치스와 골트

문트》에서 헤세의 양극성의 문제가 다루어졌다. 이 논문들은 《나르치스와 골트문트》에서 양극성의 문제를 헤세 소설 전반에 걸친 기본 구조 중에 하나로 제시하며 (노태한: 헤르만 헤세 소설의 기본 구조. 헤세연구 15집 2006, 28~52쪽), 정신과 자연이라는 양극성의 이념을 바탕으로 하여 골트문트의 예술 세계 실현 또는 예술관에 집중하여 해석하고 있다

4 노태한: 헤르만 헤세 소설의 기본 구조. 헤세연구 15집 2006, 28~52쪽.

5 C.G.Jung: 꿈에 나타난 개성화과정의 상징. 한국융연구원 C.G. 융저작번역위원회 옮김, 서울 2006. 융은 진정한 자아를 찾아가는 과정을 '자기구현(실현)'이라는 개념으로 설명하고, 헤세는 융의 이러한 개념을 자신의 소설에서 전개시키고 있다.

6 강지은: 칸트 미학에서 반성적 판단력과 의사소통의 가능성에 관한 연구. 박사학위 논문 건국대학교 대학원 2010 참조. 임마누엘 칸트: 감성계와 지성계의 형식과 원리들. 최소인 옮김. 이제이북스 2007, 32~44쪽. Johann Wolfgang von Goethe: Italienische Reise, 8. Oktober 1786, MA15. S. 103. 괴테 역시 《이탈리아 기행(Italienische Reise)》에서 인간의 인식 능력을 이성과 감성으로 이분화시키고 있다.

7 제4권 271쪽. Vgl. Ralf R. Nicolai: Hesses "Narziss und Goldmund". Kommentar und Deutung. Wuerzburg 1997, S. 13.

8 Martin Pfeifer: Hesse-Kommentar zu sämtlichen Werken. München 1980, S. 196.

9 앤드류 새뮤엘, 바니 쇼터, 프레드 플라우트: 융분석비평사전. 민혜숙 옮김. 동문선 2000, 106쪽.

10 앞의 책, 144쪽.

11 Martin Pfeifer: a.a.O., S. 61.

12 Joseph Mileck: a.a.O., S. 30.

13 아르투어 쇼펜하우어: 의지와 표상으로서의 세계. 홍성광 옮김 2009, 332쪽.

14 아르투어 쇼펜하우어: 위의 책, 332쪽 이하.

15 이서규: 쇼펜하우어의 예술개념에 대한 고찰. 동서철학연구 32호 2009, 127쪽 참조.

16 아르투어 쇼펜하우어: 위의 책, 488쪽.

17 아르투어 쇼펜하우어: 위의 책, 521쪽.

18 Joseph Mileck: a.a.O., S. 29.

19 프리드리히 니체: 권력에의 의지. 강수남 옮김. 청하 1988. 385쪽.

20 권의섭: 니체의 미학적 인간. 한국니체학학회연구 4권 2001, 200쪽.

21 앞의 책, 198쪽.

22 프리드리히 니체: 위의 책. 330쪽, 참고. 앞의 책 198쪽.

23 프리드리히 니체: 위의 책. 504쪽.

24 앞의 책, 216쪽.

25 프리드리히 니체: 비극의 탄생. 이진우 옮김. 책세상 2005, 16, 127쪽.

26 참고. Ralf R. Nicolai: a.a.O., S. 147.

27 참고. Ralf R. Nicolai: a.a.O., S. 146.

28 프리드리히 니체: 비극의 탄생. 178쪽.

29 앞의 책. 206.

30 참고. 프리드리히 니체: 비극의 탄생. 127쪽. Ralf R. Nicolai: a.a.O., S. 233f.

31 앞의 책 217쪽.

32 참고. 백승영: 니체. 디오니소스적 긍정의 철학. 책세상 2005, 231쪽.

33 앞의 책, 494쪽.

34 Vgl. Ralf R. Nicolai: a.a.O., S. 221f.

35 프리드리히 니체: 위의 책, 127쪽 이하.

36 Vgl. Joseph Mileck: a.a.O., S. 201.

37 Ebd. S. 202.

38 Egon Schwarz: Narziss und Goldmund. In: Interpretationen. Hermann Hesse Romane. Stuttgart 1994, S. 114.

39 Vgl. Gisela Pohlmann: a.a.O., S. 165.

6부: 철학, 종교, 예술, 미학과 윤리 _ 유리알 유희

1 Willy Michel und Edith Michel: Das Glasperlenspiel. In: Interpretationen. Hermann Hesse Romane. Stuttgart 1994, S. 132.

2 제5권 53쪽.

Vgl. Ziolkowski, Theodore: The Novels of Hermann Hesse. A Study in Theme and Structure. Princeton 1965, S. 285.

3 Vgl. Theodore Ziolkowski: a.a.O., S. 286.

이영임: 시대의 요구와 교육적 비전: 《빌헬름 마이스터의 편력시대》와 《유리알 유희》를 중심으로. 괴테연구. 제15집 2003, S. 147.

4 이영임: 앞의 책. 142쪽 참조.

5 Vgl. Gisela Pohlmann: a.a.O., S. 193.

6 Gisela Pohlmann: a.a.O., S. 185. 이인웅: 헤르만 헤세의 《유리알 유희》 에 나타난 중국적 요소. 헤세연구 제2집. 1999, S. 102 참조.

7 Vgl. Gisela Pohlmann: a.a.O., S. 186.

8 야코프 부르크하르트: 세계역사의 관찰. 안인희 역. 휴머니스트 2008, 98쪽.

9 Vgl. Willy Michel und Edith Michel: a.a.O., S. 149.

10 Willy Michel und Edith Michel: a.a.O., S. 142.

11 참고. 쇠얀 키르케고르: 이것이냐 저것이냐. 임춘갑 옮김. 서울 2012. 290~327쪽.

12 Mark Boulby: Hermann Hesse. His Mind and Art, Ithaca; Cornell University Press 1967, S. 286.

13 앤드류 새뮤엘, 바니 쇼터와 프레드 플라우트: 융분석비평사전. 민혜숙 옮김. 동문선 2000, 226쪽.

14 Theodore Ziolkowski : a.a.O., S. 312.

15 이인웅: 앞의 책, 119쪽 이하 참조.

16 George Wallis Field: a.a.O., S. 134.

17 Theodore Ziolkowski: a.a.O., S. 284.

18 Malte Dahrendorf: Der 'Entwicklungsroman' bei Hermann Hesse. Dissertation. Hamburg 1955, S. 221.

19 재인용. 이신구: 헤세와 음악. 태학사 1999, 164쪽.

20 제12권. Autobiographische Schriften 2. 81쪽. 여기에서 헤세는 야코프 부르크하르

트 Jacob Burckhardt의 《이탈리아 르네상스의 문화(Die Kultur der Renaissance in Italien, 1860)》과 《콘스탄티누스 대제의 시대(Die Zeit Konstantins des Gro ß en, 1853)》을 읽었다고 밝히고 있다.

Vgl. Zeller, Bernard: Eine Chronik in Bildern. Suhrkamp 1960, S. 36.

21 재인용. Theodore Ziolkowski: a.a.O., S. 314.

부르크하르트의 직접적인 영향은 작품 속에서도 찾을 수 있다. 크네히트는 교육국에 보내는 마지막 서한을 부르크하르트의 《혁명의 시대(Das Revolutionszeitalter)》의 한 구절로 끝마친다. "공포와 극심한 고난의 시기가 올지도 모르겠습니다. 그러나 불행에 처해있으면서도 여전히 행복을 유지하려면 정신적인 행복 이외에는 달리 방법이 없겠지요. 다시 말하면 뒤돌아서서 지난 시대의 업적을 유지하고 앞을 향해서는 다른 이들이 모두 물질적인 것과 관련될 때 시대의 명랑하고 끈기 있는 정신을 주장하는 것입니다."

22 Theodore Ziolkowski: a.a.O., S. 320.

23 Theodore Ziolkowski: a.a.O., S. 315.

24 Hans Hilbk: a.a.O., S. 65.

25 George Wallis Field: a.a.O., S. 135.

26 장정자: 헤르만 헤세의 작품과 생애에서 나타나는 갈등과 극복의 연속성. 테제와 안티테제에서 종합으로의 고양을 위한 끊임없는 노력. 헤세 연구 제12집 2004, 16쪽 참조.

27 Hans Hilbk: a.a.O., S. 31.

28 Theodore Ziolkowski: a.a.O., S. 285.

29 Hesss Briefe 25.09.1933. zitiert nach Hans Hilbk: a.a.O., 31.

30 Zitiert nach Hilbk, Hans: a.a.O., S. 33f.

31 Theodore Ziolkowski: a.a.O., S. 322.

32 George Wallis Field: Hermann Hesse. New York 1970, S. 150.

33 Zitiert nach Volker Michel: Materialen zu Hermann Hesses 《Das Glasperlenspiel》 Bd.1. Frankfurt am Main 1973, S. 279.

1차 문헌

- 아르투어 쇼펜하우어: 의지와 표상으로서의 세계. 홍성광 옮김. 2009.
- 임마누엘 칸트: 감성계와 지성계의 형식과 원리들. 최소인 역. 이제이북스 2007.
- 프리드리히 니체: 비극의 탄생. 이진우 옮김. 책세상. 2005.
- 프리드리히 니체: 권력에의 의지. 강수남 옮김. 청하. 1988.
- 쇠얀 키르케고르: 이것이냐 저것이냐. 임춘갑 옮김. 서울. 2012.
- 야콥 부르크하르트: 세계역사의 관찰. 안인희 역. 휴머니스트. 2008.
- 야콥 부르크하르트: 이탈리아 르네상스 문화. 정운용역, 서울. 1983.
- 칼 구스타프 융: 원형과 무의식. 한국융연구원 C.G.융저작 번역위원회 옮김, 서울. 2002.
- 칼 구스타프 융: 꿈에 나타난 개성화과정의 상징. 한국융연구원 C.G. 융저작번역위원회 옮김. 서울. 2006.
- Hermann Hesse: Gesammelte Werke in 20 Bänden, Frankfurt/M. 2002.
- Hermann Hesse: Eigensinn. Biographische Notizen. Frankfurt a. Main. 1972.
- Johann Wolfgang von Goethe: Sämtliche Werke nach Epochen seines Schaffens. Münchener Ausgabe. 21 Bde. hrsg. von Karl Richter in Zusammenarbeit mit Herbert G. Göpfert, Norbert Miller, Gerhard Sauder und Edith Zehm. München 1985ff.

2차 문헌

- 강지은: 칸트 미학에서 반성적 판단력과 의사소통의 가능성에 관한 연구. 박사학위 논문 건국대학교 대학원. 2010.
- 김윤상: 타나토-에로스적인 미의 이념 - 플라톤의 대화록. 노발리스의 《자이스의 도제》, 헤세의 《황야의 이리》를 중심으로. 헤세연구 16집. 2006.
- 권기록: 〈유리알 유희〉에 나타난 교육사상. 박사학위논문. 서울대학교 대학원. 1995.
- 권기록: Hermann Hesse의 〈Das Glasperlenspiel〉 연구-Knecht의 자아실현을 중심으로 - 석사학위논문. 서울대학교 대학원. 1984.
- 권의섭: 니체의 미학적 인간. 한국니체학학회연구 4권. 2001.
- 김석도: 헤르만 헤세의 "유리알 유희" 연구. 독일문학 제21집. 1978.
- 노태한: 헤르만 헤세의 예술가 소설 《나르치스와 골트문트》. 독어교육, 27권. 2003.
- 노태한: 헤르만 헤세와 현실 참여. 독어교육 20집. 2000.
- 노태한: 헤르만 헤세 소설의 기본 구조. 헤세연구, 15집. 2006.
- 마틴 키친: 사진과 그림으로 보는 케임브리지 독일사. 유정희 옮김. 시공사. 2001.
- 박광자: 헤세의 소설과 융(Jung) 심리학. 헤세연구 제1집. 1998.
- 박광자: 헤르만 헤세의 소설. 충남대학교 출판부. 1998.
- 박영호: 다석 사상으로 본 불교 반야심경. 두레. 2001.
- 박정희: 자아를 찾아 떠나는 여행. 헤세 연구, 제19집. 2008.
- 백승영: 니체. 디오니소스적 긍정의 철학. 책세상. 2005.
- 앤드류 새뮤엘: 융 분석 비평사전. 민혜숙 옮김. 동문선. 2000.
- 에리히 너이만: 위대한 어머니 여신. 박선화 역. 살림. 2009.
- 이부영: 분석심리학. C.G.Jung의 인간심성론. 일조각. 2002.
- 이신구: 《황야의 이리》 - 불멸의 음악. 헤세연구 제1집. 1998.
- 이영임: 《데미안》 - 변용의 신화. 헤세연구 제3집. 2000.
- 이영임: 시대의 요구와 교육적 비전: 《빌헬름 마이스터의 편력시대》와 《유리알 유희》를 중심으로. 괴테연구 제15집. 2003.
- 이인웅: 헤르만 헤세의 종교적 편력. 헤세연구 14집. 2005.

- 이인웅: 헤르만 헤세의 《유리알 유희》에 나타난 중국적 요소. 헤세연구 제2집. 1999.
- 앤드류 새뮤엘, 바니 쇼터, 프레드 플라우트: 융분석비평사전. 민혜숙 옮김. 동문선. 2000.
- 이서규: 쇼펜하우어의 예술개념에 대한 고찰. 동서철학연구 제32호. 2009.
- C.G.Jung: 꿈에 나타난 개성화과정의 상징. 한국융연구원 C.G. 융저작번역위원회 옮김. 서울. 2006.
- 장정자: 《페터 카멘친트》에 나타나는 예술가와 성자 모티브. 헤세 연구 제6집. 2001.
- 장정자: 헤르만 헤세의 작품과 생애에서 나타나는 갈등과 극복의 연속성. 테제와 안티테제에서 종합으로의 고양을 위한 끊임없는 노력. 헤세 연구 제12집. 2004.
- 정경량: 헤세의 《데미안》에 나타난 기독교와 신비주의. 헤세연구 제5집. 2001.
- 정경량: 헤세와 신비주의. 한국문화사. 1997.
- 프리드리히 마이네케: 랑케와 부르크하르트. 차하순 역, 서울. 1979.
- 홍순길: 헤세의 생애를 통해 본 방랑과 안주의 모티브. 헤세연구 제8집. 2002.
- 홍순길: Hermann Hesse의 《Siddhartha》 연구 - 主題, 構造, 思想的 背景. 서강대학교. 1983.
- Arnold, Heinz Ludwig(Hrsg.): Text + Kritik. Herman Hesse. München. 1983.
- Ball, Hugo: Hermann Hesse. Sein Leben und sein Weg. Frankfurt am Main. 1977.
- Böttger, Fritz: Hermann Hesse. Leben, Werk, Zeit. Berlin. 1974.
- Boulby, Mark: Hermann Hesse. His Mind and Art, Ithaca; Cornell University Perss. 1967.
- Casabeer, Edwin F.: Siddharths der vollendete Held, In: Materialien zu Hermann Hesses Siddhartha. Bd. 2. Hrsg. von Volker Michels. Frankfurt/M. 1974.
- Field, George Wallis: Hermann Hesse. Kommentar zu sämtlichen Werken. Hans-Dieter Heinz. Stuttgart. 1977.
- Ginzkey, Franz Karl: Peter Camenzind. In: SdzK. S. 39~42.
- Hilbk, Hans: Das Problem der Erziehung im Spaetwerk Hermann Hesses. Diss. Münster. 1959.

- Hsia, Adrian: Hermann Hesse und China. Darstellung, Materialien und Interpretation. Frankfurt/M. 1974.
- Horkheimer, Max und Adorno, Theodor: Dialektik der Aufklärung. Frankfurt am Main 1971.
- Huber, Peter: Der Steppenwolf. Psychische Kur im deutschen Maskenball. In: Recklam Interpretationen. Hermann Hesse-Romane, Stuttgart. 1994.
- Kast, Verena: Trotz allem Ich. Freiburg im Breisgau. 2003.
- Knäufermann, Volker: Sprache und Neurose. Zu Hermann Hesses Steppenwolf, In: Etudes Germaniques. 1974.
- Lerpy R. Shaw: Zeit und Struktur des Siddhartha. In: Materialien zu Hermann Hesses Siddhartha. Bd. 2. Hrsg. von Volker Michels. Frankfurt/M. 1974.
- Limberg, Michael: Höllenreise durch mich selbst. 헤세연구 제10집. 2003.
- Malte Dahrendorf: Der 'Entwicklungsroman' bei Hermann Hesse. Dissertation. Hamburg. 1955.
- Marti, Fritz: Hesse-Kommentar zu sämtlichen Werken, München. 1990.
- ders.: Hermann Hesse-Der Steppenwolf. Bausteine. Hollfeld. 1986.
- Matzig, Richard B.: Der Dichter und die Zeitstimmung. Betrachtungen über Hermann Hesse Steppenwolf. St. Gallen. 1994.
- Michels, Volker(Hrsg.): Materialien zu Hermann Hesses Demian. Bd. I . Suhrkamp: Frankfurt a. M. 1993.
- ders.: Materialen zu Hermann Hesses 《Der Steppenwolf》. Farnkfurt/M. 1973.
- ders.: Materialien zu Hermann Hesses 《Siddhartha》. Bd. 1~2 Frankfurt/M. 1974u. 1975.
- ders.: Materialen zu Hermann Hesses 《Das Glasperlenspiel》 Bd.1. Frankfurt am Main. 1973.
- ders.: Mit Hermann Hesse durch Italien. Ein Reisebegleiter durch Oberitalien. Frankfurt am Main. 1988.

• Michel, Willy und Michel, Edith: Das Glasperlenspiel. In: Interpretationen. Hermann Hesse Romane. Stuttgart. 1994.
• Mileck, Joseph: Hermann Hesse. Dichter, Sucher, Bekenner. München. 1979.
• Nicolai, Ralf R.: Hesses "Narziss und Goldmund". Kommentar und Deutung. Würzburg 1997.
• Pfeifer, Martin: Erläuterungen zu Hermann Hesses "Narziss und Goldmund". C. Bange Verlag-Hollfeld/Ofr. 1978.
• ders.: Erläuterungen zu Hermann Hesse. Peter Camenzind. Unterm Rad. Knulp. Sttutgart. 1978.
• ders.: Hermann Hesse-Der Steppenwolf. Siddharta. (Analysen und Reflexionen Bd.24.) Hollfeld 1984.
• Pohlmann, Gisela: Das Problem der Wirklichkeit bei Hermann Hesse. Münster. 1951.
• Röttiger, Jörg: Die Gestalt des Weisen bei Herman Hesse. Bonn. 1980.
• Schneider, Christian Immo: Siddhartha. Eine indische Dichtung. In: Hermann Hesse. Romane. Stuugart. 1974.
• ders.: Hermann Hesse. München. 1980.
• Schoefer, Wolfgang v.: Hermann Hesse, Peter Camenzind und das Glasperlenspiel. In: Die Sammlung 3(1948). S. 597~609.
• Zeller, Bernard: Eine Chronik in Bildern. Suhrkamp. 1960.
• Ziolkowski, Theodore: Siddhartha-Die Landschaft der Seele. In: Materialien zu Hermann Hesses Siddhartha. Bd. 2. Hrsg. von Volker Michels. Frankfurt/M. 1974.
• Ziolkowski, Theodore: The Novels of Hermann Hesse. A Study in Theme and Structure. Princeton. 1965.

Film

- 〈Siddhartha〉 Ein Film v. Conras Rooks (in englischer Siddhartha). Uraufführung: Biennale Venedig, September. 1972.
- 〈Der Steppenwolf〉 Ein Film von Fred Haines. 1974.
- www.hhesse.de.

- 1877년 7월 2일 독일 남부 뷔르템베르크(Württemberg) 주의 소도시 칼프(Calw)에서 선교사인 아버지 요하네스 헤세(Johannes Hesse, 1847~1916)와 어머니 마리 군데르트(Marie Gundert)의 장남으로 태어남. 외조부 헤르만 군데르트(Hermann Gundert)는 유명한 인도학자이자 선교사.
- 1881~1886년 부모님과 함께 바젤 Basel에서 거주.
- 1883년 아버지가 스위스 국적을 획득함. 칼프의 라틴어학교(Reallyzeum)에 다님.
- 1890~1891년 90년에서 91년까지 괴핑겐(Göppingen)에 있는 라틴어학교에 다님. 7월에 목사가 될 수 있는 뷔르템베르크 국가시험에 합격. 아버지는 아들 헤세가 뷔르템베르크에서 시험을 볼 수 있도록 하기 위해, 뷔르템베르크의 국적을 취득함. 91년 9월 마울브론(Maulbronn)의 수도원 학교에 입학.
- 1892년 "시인 이외에는 아무 것도 되지 않기 위해서" 5월에 학교에서 도망침. 신경쇠약으로 자살 시도. 바트 볼(Bad Boll)에서 정신요법을 하는 목사 크리스토프 블룸하르트(Christoph Blumhardt)에게서 치료를 함. 그리고 렘스탈(Remstal)에 있는 슈테텐(Stetten) 신경과병원에 입원함. 칸슈타트(Canstatt)에 있는 고등학교에 입학.
- 1893~1895년 10월에 학업 중단. 에스링겐(Eßlingen)에서 서적 점원으로 취업했으나, 2일후에 중단. 83년 6월부터 85년 10월까지 칼프의 페로(Perrot) 시계공장에서 실습생으로 일함.
- 1895~1898년 튀빙겐(Tübingen)에 있는 헤켄하우어(Heckenhauer) 서점에서 실습생

으로 일함.

- 1899년 처녀 시집《낭만의 노래(Romantische Lieder)》, 산문집《자정이 지난 한 시간(Eine Stund hinter Mitternacht)》 출간. 가을에 바젤의 라이히(Reich) 서점으로 옮김. 1901년 말 라이히 서점에서 퇴직.
- 1899~1904년 바젤에 체류.
- 1900년《헤르만 라우셔의 유작과 시(Hinterlassene Schriften und Gedichte von Hermann Lauscher)》 1896~1899년 집필하여 1900년 바젤시의 출판사 라이히에서 출간. 9편의 시와 처음에는 3개(2판부터는 5개) 산문으로 구성된 작품.
- 1901년 첫 이탈리아 여행(3월~5월)을 떠나 밀라노, 제노바, 플로렌스, 볼로냐, 라벤나, 파두바, 베네치아를 여행하였다.《헤르만 라우셔의 유작과 시(Hinterlassene Schriften und Gedichte von Hermann Lauscher)》 출간.《시집(Gedichte)》을 출간하였고, 어머니에게 헌정함. 어머니는 이 시집이 출간 직 후 돌아가심.
- 1903년 바젤 출신으로 9살 연상의 피아니스트 마리아 베르누이(Maria Bernoulli, 1868~1963. 애칭은 미아(Mia))와 함께 두 번째 이탈리아 여행. 작가 파울 일크(Paul Ilg)가 추천하여 베를린 출판사 사뮤엘 피셔(Samuel Fischer)가 새 작품을 쓰도록 권고함.
- 1904년 피셔 출판사에서《페터 카멘친트(Peter Camenzind)》가 출간됨. 이 소설로 그는 빈의 바우에른펠르(Bauernfeld) 문학상을 받음. 8월에 연상의 마리아 베르누이와 결혼함. 보덴(Boden) 호수의 농촌 가이엔호프(Gaienhof)로 이사.
- 1905년 이 결혼으로 장남 브루노(Bruno) 탄생.
- 1906년《수레바퀴밑에서(Unterm Rad)》 출간.
- 1907년 단편집《이 세상에(Diesseits)》 출간. 헤세는 에를렌로흐(Erlenloch)의 가이엔호프(Gaienhof)로 이사.
- 1907~12년 격주간지 잡지《3월(März)》에 공동출판자로 활동.
- 1908년 단편소설《이웃 사람들(Nachbarn)》 출간.
- 1909년 차남 하이너(Heiner) 탄생.
- 1910년 장편소설《게르투르트(Gerturud)》 출간.

- 1911년 막내 마르틴(Martin, 1911~1968) 탄생. 시집 《도상에(Unterwegs)》 출간. 부부 간의 갈등이 시작. 화가 한스 슈투르첸에거(Hans Sturzenegger)와 함께 인도 여행.
- 1912년 그는 독일을 떠나 9월 경 스위스 베른(Bern) 근처 오스터문디겐(Ostermundigen에 있는 사망한 화가이자 친구 알베르트 벨티(Albert Welti)의 별장으로 이사. 단편소설 《우회로(Umwegs)》 출간.
- 1913년 《인도에서(Aus Indien)》 출간.
- 1914년 소설 《로스할데(Roßhalde)》 출간. 전쟁이 발발하자 헤세는 자원입대하였으나, 시력 때문에 부적격으로 판명되어 베른에 있는 독일 대사관에 배치되어 그곳에서 '독일 포로 후생사업국'에 근무하여 전쟁포로들과 억류자들을 위해 잡지를 발행하였다. 이 잡지는 1918년부터 1919년까지 22권으로 출간됨. 그리고 수많은 정치적 논문을 발표함.
- 1915년 단편집 《길가에서(Am Wege)》, 《크눌프. 크눌프 삶의 세 가지 이야기(Knulp. Drei Geschichten aus dem Leben Knulps)》 출간.
- 1916년 시집 《고독한 자의 음악(Musik des Einsamen)》 출간. 단편 《청춘은 아름다워라(Schön ist die Jugend)》 출간. 3월 8일 아버지의 사망, 부인의 정신병과 3세인 아들의 뇌막염 발병 등의 문제로 신경쇠약에 걸림. 루체른(Luzern) 옆 존마트(Sonnmatt)에서 요양을 함. 1916년 5월부터 1917년 11월까지 루체른에서 융의 제자 랑(Josef Brnhard Lang)박사에게 총 72회의 심리치료를 받음.
- 1919년 《귀향. 시대극의 1막.(Die Heimkehr. Erster Akt eines Zeitdramas)》 출간. 에밀 싱클레어(Emil Sinclair)라는 익명의 이름으로 출간한 《데미안(Demian)》으로 1919년 폰타네(Fontane) 상을 수상. 이상이 초심자를 위한 상이기에 헤세는 수상을 포기함. 《작은 정원(Kleiner Garten)》, 《동화(Märchen)》 출간. 《차라투스트라의 귀향. 독일 청소년에게 보내는 한 독일인의 일언(Zarathustras Wiederkehr. Ein Wort an die deutsche Jugend von einem Deutschen)》이 익명으로 출간. 그는 가족과 떨어져 루가노(Lugano) 옆 몬타놀라(Montagnola)에 머뭄.
- 1919~1922년 리하르트 볼테렉크(Richard Woltereck)와 월간지 '비보스 보코(Vivos

Voco)' 출간.

- 1920년 《화가의 시집(Gedichte des Malers)》, 《방랑(Wanderung)》을 출간. 두 작품을 헤세의 수채화들로 장식. 단편소설 《클링조어의 마지막 여름(Klingsors letzter Sommer)》 출간.
- 1921년 《시선집(Ausgewählte Gedichte)》, 《혼돈 속으로의 조망(Blick ins Chaos)》 《테신에서의 11개의 수채화(Elf Aquarelle aus dem Tessen)》 출간.
- 1922년 《싯다르타. 인도의 문학(Siddartha. Eine indische Dichtung)》 출간.
- 1923년 《싱클레어의 비망록(Sinclairs Notizbuch)》 출간. 1923년부터 52년까지 가을이 되면 항상 바덴에서 요양을 함. 첫째 부인 베르누이와 이혼함.
- 1924년 여류 작가 리자 벵어(Lisa Wenger)의 딸 인 루트 벵어(Ruth Wenger)와 결혼함. 스위스 국적을 획득함.
- 1925년 《요양객(Kurgast)》, 《픽토르의 변신(Piktors Verwandlung)》 출간. 이 해부터 베를린의 피셔 출판사에서 헤세 전집이 출간되기 시작함.
- 1926년 프로이센 예술 아카데미 문학분과의 위원으로 선발됨, 1930년에 이 모임에서 탈퇴함. 《그림책(Bilderbuch)》 출간.
- 1927년 《황야의 이리(Steppenwolf)》와 《뉘른베르크 여행(Die Nürnberger Reise)》 출간. 4월 24일 루트 벵어와 이혼.
- 1928년 《관찰(Betrachtungen)》과 시집 《위기(Krisis)》 출간.
- 1929년 시집 《밤의 위로(Trost der Nacht)》와, 《세계문학 안내(Eine Bibliothek der Weltliteratur)》 출간.
- 1930년 《나르치스와 골트문트(Narziss und Goldmund)》 출간. 《이 세상에》의 개정판 출간.
- 1931년 체르노비치 출신의 예술사가이자 역사학자인 니논 돌빈(Ninon Dolbin, 1895~1966)과 결혼함. 1919년부터 거주한 카사 카무치(Casa Camuzzi)를 떠남. 그리고 취리히의 친구 한스 보드머(Hans Bodmer)가 그에게 제공한 몬타놀라(Montagnola)의 카사 로사(Cassa Rossa)로 이사를 하여 평생 그곳에서 거주. 여기에서 《내면으로 가는 길

(Weg nach Innen)》이 출간됨. 《유리알유희》 집필 시작.

- 1932년 《동방순례(Morgenlandfahrt)》
- 1933년 단편집 《작은 세계(Kleine Welt)》 출간.
- 1934년 시선집 《삶의 나무에서(Vom Baum des Lebens)》 출간.
- 1935년 중단편집 《우화집(Fabulierbuch)》 출간. 동생 한스 자살.
- 1936년 전원시집 《정원에서의 시간들(Stunden im Garten)》 출간. 고트프리트-켈러상(Gottfried-Keller) 수상.
- 1937년 《비망록(Gedenkblätter)》 출간. 《신시집(Neue Gedichte)》와 《불구 소년(Der Lahme Knabe)》 출간.
- 1939 1945년 세계 2차 대전 발발. 헤세의 작품은 독일에서 더 이상 출간되지 않음.
- 1942년 출판업자 페터 주어캄프와의 협의아래 취리히의 프레츠&바스무트 출판사에서 전집이 연속 출간됨. 최초의 시 전집 《시집(Die Gedichte)》이 스위스 취리히에서 출간됨.
- 1943년 《유리알유희. 유희의 명인 요제프 크네히트의 회상(Dad Glasperlenspiel. Versuch einer Lebensbeschreibung des magister Ludi Josef Knecht samt Knechts hinterlassenen Schriften)》 출간.
- 1945년 시선집 《꽃핀 가지(Blütenzweig)》, 미완성 소설 《베르톨트(Berthold)》, 동화집 《꿈의 여행(Traumfährte)》
- 1946년 주어캄프 출판사에서 헤세 전집 출간. 프랑크푸르트시의 괴테상 수상. 노벨상 수상. 《괴테에게 보내는 감사의 글(Dank an Goethe)》, 시사 평론집 《전쟁과 평화(Krieg und Frieden)》 출간.
- 1947년 베른 대학 철학과에서 명예박사. 칼프 시의 명예시민이 됨.
- 1950년 브라운슈바이크 시의 빌헬름-라베상 수상.
- 1951년 《서한집 Briefe》, 《후기 산문(Späte Prosa)》
- 1952년 주어캄프 출판사에서 《전집(Gesammelte Dichtungen)》 출간.
- 1954년 독일 무공훈장을 받음. 《편지. 헤세와 로망 롤랑의 서한집(riefe, der Brief

zwischen Hesse und Romain Rolland)》 출간.

- 1955년 독일 출판협회가 수여하는 평화상 수상. 《마법(Beschwörung)》 출간.
- 1956년 바덴뷔르템베르크 주 독일 예술 후원회에서 헤르만 헤세 상 제정.
- 1957년 주어캄프 출판사에서 7권으로 된 헤세 전집 출간.
- 1961년 시집 《단계(Stufen)》 출간.
- 1962년 몬타놀라의 명예시민이 됨. 8월 9일 뇌출혈로 사망. 8월 11일 성 아본디오(St. Abbondio) 묘지에 안장됨.